PORTUGUÊS NA PRÁTICA

VOLUME 2

A LÍNGUA COMO EXPRESSÃO E CRIAÇÃO

A Editora não é responsável pelo conteúdo da Obra,
com o qual não necessariamente concorda. As Autoras conhecem os fatos narrados,
pelos quais são responsáveis, assim como se responsabilizam pelos juízos emitidos.

Consulte nosso catálogo completo e últimos lançamentos em **www.editoracontexto.com.br**

PORTUGUÊS NA PRÁTICA

VOLUME 2

A LÍNGUA COMO EXPRESSÃO E CRIAÇÃO

Rosana Morais Weg
Virgínia Antunes de Jesus

editoracontexto

Foto de capa
Almeida Júnior, *Moça com livro* (óleo sobre tela)

Montagem de capa e diagramação
Gustavo S. Vilas Boas

Preparação de textos
Lilian Aquino

Revisão
Poliana Magalhães Oliveira

Dados Internacionais de Catalogação na Publicação (CIP)
(Câmara Brasileira do Livro, SP, Brasil)

Weg, Rosana Morais e
   A língua como expressão e criação, v. 2 /
Rosana Morais Weg, Virgínia Antunes de Jesus. – São Paulo :
Contexto, 2011. – (Coleção português na prática)

   Bibliografia.
   ISBN 978-85-7244-619-8

   1. Português – Estudo e ensino I. Jesus, Virgínia
Antunes de. II. Título. III. Série.

10-13888   CDD-469.07

Índice para catálogo sistemático:
1. Português : Estudo e ensino   469.07

2011

Editora Contexto
Diretor editorial: *Jaime Pinsky*

Rua Dr. José Elias, 520 – Alto da Lapa
05083-030 – São Paulo – SP
PABX: (11) 3832 5838
contexto@editoracontexto.com.br
www.editoracontexto.com.br

SUMÁRIO

PORTUGUÊS NA PRÁTICA

A coleção "Português na prática", de autoria de Rosana Morais Weg e Virgínia Antunes de Jesus, é composta por dois volumes:

- Volume 1: A língua como instrumento.
- Volume 2: A língua como expressão e criação.

O primeiro volume desenvolve tópicos relacionados à utilização da língua portuguesa como ferramenta indispensável para uma expressão textual correta e clara, como o uso da crase, dos "porquês" e do hífen.

O segundo volume centra-se na inovação e na adequação da expressão escrita e oral, como formação das palavras e estrangeirismos.

A organização do conteúdo nos volumes é resultado das dúvidas apresentadas por leitores, ouvintes e interessados pela língua portuguesa, grande parte deles alunos universitários das autoras e profissionais de vários ramos de atividade. Não segue, portanto, a tradicional ordem das gramáticas impressas, mas tem como proposta instrumentalizar, de modo objetivo e prático, a correção linguística daqueles que apresentam dificuldades em sua expressão.

Parte dos tópicos é baseada em produção das autoras como consultoras para sites voltados para educação e formação profissional.

1

NOSSA LÍNGUA, NOSSAS LÍNGUAS

ORIGEM E EVOLUÇÃO DA LÍNGUA PORTUGUESA

Sabemos que uma língua é formada por palavras de origens diversas, pois se trata de um código, um conjunto de signos que se combinam segundo regras e representa a cultura dos povos. Como a cultura é mutante – manifesta os pensamentos, as habilidades e o desenvolvimento de uma comunidade no decorrer de sua história –, obviamente, a língua também apresenta mutações em sua expressão, tanto oral como escrita. Com a língua portuguesa não poderia ser diferente, ela traz consigo em sua evolução e dinâmica toda influência da língua dos povos com os quais manteve e ainda mantém contato.

É possível identificar três grandes fontes que contribuíram para a formação do vocabulário da língua portuguesa no Brasil:

Origem	Processo	Exemplos
Latim	Momento mais antigo da formação da língua portuguesa: palavras que vêm direto do latim.	**Latim vulgar:** imaculada: de mácula, mancha **Latim clássico:** manchado, de mancha
Línguas estrangeiras	Palavras que entraram para a língua portuguesa pelo contato com outros povos: contatos comerciais, culturais e políticos.	**Termos de origem:** africana (girafa, banana) americana (canoa, colibri) árabe (alcachofra) chinesa (nanquim, chá) espanhola (naipe) francesa (bicicleta) germânica (marco) grega (liceu) hebraica (amém)

		inglesa (futebol) italiana (cavalaria) japonesa (quimono) persa (do Irã) (bazar, azul) russa (czar) turca (bambu)
Línguas locais	A partir do século XVI, com a descoberta do Brasil, termos indígenas (tupi-guarani) passam a ser incorporados à língua portuguesa.	abacaxi mirim caju capixaba Iracema Ubirajara Jaci

Por ter percorrido caminhos bastante diversos, a língua portuguesa apresenta muitos vocábulos diferentes nos países lusófonos: Portugal, Angola, Moçambique, Guiné-Bissau, Timor Leste, Cabo Verde e São Tomé e Príncipe. Veja alguns deles:

	Transporte coletivo	Propriedade agrícola
Brasil	ônibus	sítio, chácara
Portugal	autocarro	quinta
Moçambique	machimbombo e autocarro	machamba

Percebemos, então, que a formação da língua é dinâmica. São incorporados vocábulos novos e esquecidos aqueles que caem em desuso. Os movimentos socioculturais determinam, portanto, a riqueza da língua.

O registro formal das inovações ao léxico português nem sempre acompanha a rapidez do uso pelos falantes. Para nos informarmos sobre as palavras de língua portuguesa, podemos consultar algumas publicações como:

Vocabulário Ortográfico da Língua Portuguesa (VOLP)	Obra publicada e atualizada periodicamente pela ABL (Academia Brasileira de Letras). Apresenta a **grafia** e a **classe gramatical** das palavras. Não apresenta seu significado.	**telefone** *s. m.* (ACADEMIA BRASILEIRA DE LETRAS. *Vocabulário ortográfico da língua portuguesa.* 5. ed. São Paulo: Global, 2009, p. 785.)

Dicionários de sinônimos e/ou definições	Obras organizadas por equipes de pesquisadores. Apresentam, além da **grafia** e da **classe gramatical**, também os **significados** das palavras. Disponíveis principalmente na forma impressa. Alguns já são apresentados na forma eletrônica.	**telefone** (te-le-fo-ne) *s. m.* **1.** Aparelho que, por meio da eletricidade, transmite som, especialmente a voz humana, à distância. **2.** *coloq.* Tapa aplicado simultaneamente com as duas mãos no ouvido do agredido. [...] (ACADEMIA BRASILEIRA DE LETRAS. *Dicionário escolar da língua portuguesa*. São Paulo: Companhia Editora Nacional, 2008, p. 1226.)
Dicionários etimológicos	Obras que apresentam a **origem** e a **formação** das palavras. Apresentam o étimo das palavras, ou seja, seu termo de origem.	**harmonia** *s. f.* 'disposição bem ordenada entre as partes de um todo', 'sucessão agradável de sons', 'concórdia, consonância, ordem, simetria'/armonia XV/Do lat. *harmonia*, deriv. do gr. *harmonia* 'união, proporção, acordo'. [...] **lobo**[1] *s. m.* 'animal carnívoro, selvagem, da fam. dos canídeos' XIII. Do lat. lupus-i//*lob*A[2] *s. f.* 'a fêmea do lobo' meretriz 1572. Do lat. lupa-ae//*lobis*omem/*lobis*homem XVI/De um lat. **lupis*hominem 'homem-lobo'. (CUNHA, A. G. *Dicionário etimológico Nova Fronteira da língua portuguesa*. Rio de Janeiro: Nova Fronteira, 1998, pp. 403; 478.)

ESTRUTURA DAS PALAVRAS

Imaginemos um esqueleto humano com cabeça, tronco, membros superiores e membros inferiores. Cada parte tem sua função particular, mas todas se articulam de modo que o conjunto (o esqueleto) possa funcionar plenamente e em harmonia.

Assim como nosso corpo é formado de várias partes interdependentes, a palavra também tem seus membros articulados entre si. Cada palavra é composta de várias partículas com significado próprio, que, juntas, muitas vezes, resultam em um termo com um significado maior.

Cada membro, ou partícula, da palavra tem um nome próprio. São eles:

Radical	Elemento essencial da palavra, sua partícula básica.	**menin**-o **menin**-a
Vogal temática	Vogal acrescida ao radical. É essencial nos verbos porque determina sua conjugação. Aparece em alguns substantivos, adjetivos e pronomes.	fal**a**r/fal**a**va com**e**r/com**e**rá r**i**r/r**i**a menin**a**/menin**o**
Tema	radical + uma vogal	**fala-r/fala**-va **come-r/come**-rá **ri**-r/**ri**-a **menino**-s
Desinências: elementos finais da palavra com a função de indicar algumas características gramaticais.	**Nominais:** indicam, nos substantivos e adjetivos: o gênero (feminino e masculino) e/ou o número (singular e plural).	engenheir**o** (masculino/singular) engenheir**a** (feminino/singular) engenheir**os** (masculino/ plural)
	Verbais: indicam, nas formas verbais: modo, tempo, número e pessoa.	canta**va**s **s:** desinência número-pessoal, indica 2ª pessoa do singular canta**va**s **va:** desinência modo-temporal, indica pretérito imperfeito do indicativo

Afixos: partículas que modificam o significado do radical.	Prefixos: acrescidos antes do radical. (pref. + rad.)	desleal = pref. **des** + rad. leal imoral = pref. **i** + rad. moral
	Sufixos: acrescidos depois do radical. (rad. + suf.)	lealdade = rad. **leal** + suf. **dade** moralizar = rad. **moral** + pref. **izar**
	Prefixos + sufixos: acrescidos antes e depois do radical (pref. + rad. + suf.)	deslealdade: pref. **des** + rad. leal + suf. **dade** infelizmente: pref. **in** + rad. feliz + suf. **mente** imortalizar: pref. **i** + rad. mortal + suf. **izar**
Vogais e consoantes de ligação: servem para facilitar a pronúncia da palavra.	Vogais de ligação	flor + **e** + s (em vez de *flors*) ané + **i** + s = (em vez de *anels*)
	Consoantes de ligação	pe + **z** + inho (em vez de *peinho*) cha + **l** + eira (em vez de *chaeira*) pobre + **t** + ão (em vez de *pobreão*)

Obs. 1: Verbo *pôr* não tem vogal temática porque antigamente se escrevia "poer". Portanto, ele ainda pertence à 2ª conjugação (vogal temática: "e", que aparece em algumas formas do verbo e palavras derivadas). Ex.:
- Ele põ**e**.
- Eles põ**e**m.
- Galinha po**e**deira.

Obs. 2: Não confundir **vogais e consoantes de ligação** (1) com **desinências** (2). Enquanto as vogais e consoantes de ligação servem apenas para facilitar a pronúncia, as desinências têm função de indicar traços gramaticais da palavra. Ex.:
- (1) flor + **e** + s (em vez de *flors*)
- (1) pe + **z** + inho (em vez de *peinho*)
- (2) engenheir**os** (masculino/plural)

Alguns exemplos

- pobretão – pobrezinho

Prefixo	Radical	Consoante de ligação	Sufixo
–	POBRE	T	ÃO
–	POBRE	Z	INHO

- inconstante – constantemente

Prefixo	Radical	Vogal temática	Sufixo
IN	CONSTANT	E	–
–	CONSTANT	E	MENTE

- vendessem – revenda

Prefixo	Radical	Vogal temática	Desinência modo-temporal	Desinência número-pessoal
–	VEND	E	SSE	M

Prefixo	Radical	Vogal temática	Desinência nominal
RE	VEND	–	A

PROCESSOS DE FORMAÇÃO DE PALAVRAS

As palavras podem ter em sua formação os seguintes processos:

Composição	**Justaposição**: união de termos sem alteração fonética.	guarda-chuva pontapé (ponta + pé)
	Aglutinação: união de termos com alteração fonética.	planalto (plano + alto) aguardente (água + ardente)
	Hibridismo: união de termos com radicais de origens diferentes.	televisão (grego + latim) automóvel (grego + latim)

Derivação	Prefixal: com uso de prefixos.	amoral imoral
	Sufixal: com uso de sufixos.	moral**mente**
	Parassintética: com uso simultâneo de prefixos e sufixos.	em**pobrecer** a**manhecer**
	Prefixal e sufixal: com uso alternado ou conjunto de prefixos e sufixos.	re**conhecimento** **desalmado**
	Imprópria: resulta na mudança da classe gramatical da palavra original.	**viver** e **aprender** (verbo passa a substantivo)
	Regressiva: resulta na redução da palavra, principalmente casos derivados de verbos e também de substantivos.	o **atraso**: de atrasar a **(re)venda**: de (re)vender o **combate**: de combater o **desprezo**: de desprezar

Não confundir derivação parassintética com derivação prefixal e sufixal.

Na **parassintética**: tanto prefixo como sufixo são colocados ao mesmo tempo. Se retirarmos um deles, não subsiste uma palavra autônoma.
Ex.: **em**pob**recer**:
• sem prefixo: pobrecer (?)
• sem sufixo: empobre (?)

Na **prefixal e sufixal**: a colocação do prefixo e do sufixo é feita separadamente. Se retirarmos um deles, subsiste uma palavra com sentido próprio.
Ex.: **des**anim**ado**:
• sem prefixo: animado
• sem sufixo: desânimo

Alguns autores ainda consideram mais três processos de formação de palavras:

Abreviação ou redução: forma reduzida de outra palavra.	a foto(grafia), o auto(móvel), o quilo(grama), a moto(cicleta)
Onomatopeia: imitação de sons.	o tique-taque, o reco-reco

Sigla: redução de termos ou expressões com o uso de letras ou sílabas iniciais	ONU (Organização das Nações Unidas) OAB (Ordem dos Advogados do Brasil) CLT (Consolidação das Leis do Trabalho)

Os seguintes exemplos de prefixos, sufixos e radicais demonstram a riqueza da formação da Língua Portuguesa.

Prefixos

Prefixos latinos

Prefixos latinos	Significados	Exemplos
ab-, abs-	afastamento, separação	abjurar, abstenção
ad-, a-	aproximação	advérbio, abeirar
ambi-	duplicidade	ambiguidade
ante-	anterior, que vem antes	antessala
bene-, ben-, bem-	muito bom	beneficência, benfeitor, bem-amado
bis-, bi-	duas vezes	bisavó, bipolar
circum-, circun-	em torno de	circum-navegação, circunferência
com-, con-, co-	combinação	compatriota, conterrâneo, coautor
contra-	oposição	contraposição
de-, des-, dis-	para baixo, afastamento, negação, contrário	decapitação, desconstrução, discordância
ex-, es-, e-	para fora, mudança, separação	explodir, escama, emigrar
extra-	exterior, superior	extraterrestre
in-, im-, i-	negação	infeliz, imparcial, ilegal
in-, im-, i-, em-, en-	para dentro	inalar, importar, imigrar, embarcar
inter-, entre-	intermediário	interface, entrelinhas
intra-, intro-	para dentro	intratérmico, introspectivo
justa-	ao lado de	justaposto
o-, ob-	oposição	oposição, obstruir
per-	movimento através de	percorrer

post-, pos-	posterior	postergar, posposto
pre-	anterior, superior	prever
pro-	em frente, para frente	proclamação
re-	repetição	rever
retro-	para trás	retrospectiva
semi-	metade, quase	semicírculo
sub-, sob-, so-	inferior	subcutâneo, sobpor, soterramento
super-, sobre-	superior	superpoderoso, sobressalente
trans-, tras-, tra-, tres-	através de, além de	transporte, trasmontano, tradução, trespassar
ultra-	além de, excessivo	ultramarino, ultrarrápido
vice-, vis-	substituição	vice-presidente, visconde

Prefixos gregos

Prefixos gregos	Significados	Exemplos
a-, an-	negação, privação	ateísmo, anarquia
ana-	afastamento, movimento inverso (e o outros)	anacrônico, anagrama
anfi-	duplicidade	anfíbio
anti-	contrário	antibélico
arqui-	superior	arquidiocese
di-	duas vezes	dígrafo
dia-	através	dialogar
dis-	dificuldade	dislexia
endo-	inferior	endocraniano
epi-	superior	epígrafe
ec-, ex-, exo-	para fora	ectoplasma, êxodo, exógeno
hemi-	metade	hemisfério
hiper-	superior, excesso	hipertensão
hipo-	inferior, falta de	hipotensão
meta-	mudança	metamorfose
para-	aproximação	paralelo
peri-	em torno de	perímetro
pro-	anterior	prognóstico
sin-, sim-, si-	simultaneidade	sincronia, simpatia, silogismo

Sufixos

Sufixos nominais

Sufixos nominais	Significados	Exemplos
-or, -eiro, -ário	função, profissão	professor, marceneiro, bibliotecário
-ão, -ada, -mento, -ura	ação ou resultado de ação	produção, facada, reconhecimento, fartura
-ade, -eza, -ice, -ura	qualidade, estado	amizade, tristeza, chatice, ternura
-ela, -im, -ejo, -inho	diminutivos	viela, flautim, vilarejo, pezinho
-ato, -aria, -ório, -ério	lugar	pensionato, padaria, refeitório, monastério
-al, -ama, -edo, -eiro	conjunto, quantidade	bambuzal, dinheirama, arvoredo, espinheiro
-oso, -ento, -onho, -udo	excessivo	guloso, espinhento, medonho, narigudo
-eo, -ino	material	férreo, aquilino
-al, -estre, -ino, -ático	referente a	material, silvestre, divino, lunático
-ista, -ês, -eno, -ano	origem	paulista, português, chileno, castelhano
-ável, -iço, -ivo, -ível	possibilidade	potável, movediço, lucrativo, possível
-ista, -ano	seguidor	socialista, republicano
-ismo, -ica	sistema, ciência	catolicismo, física
-ose, -eia, -ismo	inflamação, doença	lordose, apneia, traumatismo

Sufixos verbais

Sufixos verbais	Significados	Exemplos
-ejar, -ear	ações repetitivas	sacolejar, espernear

-icar, -iscar	ações menos intensas	bebericar, petiscar
-ecer	ações iniciais ou mudanças de estado	anoitecer
-izar, -entar	ações causais	amenizar, requentar

Sufixos de origem tupi-guarani

Sufixos de origem tupi-guarani	Significados	Exemplos
-açu	grande, vasto	capim-açu
-guaçu	grande, vasto	Mogi guaçu (Moji guaçu)
-mirim	pequeno	Mogi mirim (Moji mirim)

Radicais

São muitos os radicais gregos e latinos que compõem a formação das palavras portuguesas. A seguir, uma amostra dos mais utilizados. Eles tanto podem aparecer como primeiro ou segundo elemento da palavra.

Radicais gregos

Radicais gregos	Significados	Exemplos
acro	alto	acrobacia
aero	ar	aeroporto
algia	dor	nevralgia
antropo	homem	antropologia
arcai	antigo	arcaico
aristo	nobre, melhor	aristocracia
auto	próprio	automóvel
biblio	livro	bibliografia
bio	vida	biografia
cali	belo	caligrafia

cefalo	cabeça	encefalograma
cracia	força, poder	democracia
croma	cor	monocromático
crono	tempo	cronologia
da(c)tilo	dedo	datilografia
demo	povo	democracia
edro	lado, face	poliedro
entero	intestino	gastroenterologista
etno	raça	etnográfico
filo	amigo, estudioso de	filólogo
fobo	que tem medo	claustrofobia
fone	voz, som	telefone
gamo	casamento	monogamia, polígamo
geo	terra	geologia
geno	nascimento	genética, genoma
gine	mulher	ginecologista
hidro	água	hidrofobia
hema	sangue	hemograma
helio	sol	heliocêntrico
hepta	sete	heptacampeão
hipno	sono	hipnose
homo	igual	homônimo
iso	igual	isonomia
leuco	branco	leucócitos (glóbulos brancos)
lipo	gordura	lipoaspiração
logia	estudo	zoologia
mania	inclinação, gosto	maníaco-depressivo
metro	medida	cronômetro
morfo	forma	morfologia

necro	morto	necrópsia/necropsia
nefro	rim	nefrologista
odonto	dente	odontologia
oftalmo	olho	oftalmologista
orto	certo	ortografia
pato	doença	patologia
pedia	instrução	enciclopédia
poli	muitos	poliedro
polis	cidade	metrópole
pseudo	falso	pseudônimo
quilo	mil	quilômetro
raquis	coluna vertebral	raquitismo
rino	nariz	rinite
sacaro	açúcar	sacarose
sofia	sabedoria	filosofia
stoma	boca	estomatite
taqui	rápido	taquicardia
terapia	cura	psicoterapia
tetra	quatro	tetracampeonato
tono	tom, tensão	monótono
xeno	estrangeiro	xenófobo
xero	seco	xerografia
xilo	madeira	xilografia
zoo	animal	zoológico

Radicais latinos

Radicais latinos	Significados	Exemplos
agri	campo	agricultura
ambi	ambos	ambidestro

arbori	árvore	arborizar
beli	guerra	belicoso
capiti	cabeça	capital, decapitar
cida	que mata	genocídio
cultura	que é cultivado	agricultura
doceo	que ensina	docente
ferri	ferro	enferrujar
forme	forma	disforme
frater	irmão	fraternal
igni	fogo	ígneo
loco	lugar	localizar
ludo	jogo	lúdico
mater	mãe	maternal
morti	morte	mortífero
oni	todo	onipresente
pater	pai	paternal
pede	pé	quadrúpede
pisci	peixe	piscicultor
pluri	vários	pluralidade
pluvi	chuva	pluviométrico
quadri	quatro	quadrúpede
reti	reto	retilínea
silva	floresta, selva	silvícola
tri	três	tríceps
umbra	sombra	umbroso
uni	um	único
vini	vinho	vinicultura
voci	voz	vociferar
voro	que come	herbívoro

PROCESSOS DE CRIAÇÃO DE PALAVRAS

Neologismo

 **Neologismo** é uma palavra ou expressão nova ou com sentido renovado que, conforme a intensidade do uso, pode ser assimilada pela língua-padrão. Expressa o dinamismo da linguagem.

Os neologismos surgem da necessidade de nomear uma nova realidade tanto no campo da ciência quanto no da arte, enfim, em todos os campos do conhecimento e mesmo a partir da linguagem comum e da influência de uma língua estrangeira (ver "Estrangeirismo").

Alguns neologismos atuais:

Amanhã é meu **níver**.	Amanhã é meu **aniversário**.
Adoro **refri**.	Adoro **refrigerante**.
Ele é **animal**!	Ele é **muito bom**!
Ela gosta de **causar**.	Ela gosta de **impressionar/criar confusão/ aparecer**.
Estamos só **ficando**.	Estamos só **nos relacionando sem compromisso**.
Ele me **azarou** na festa.	Ele **me paquerou** na festa.

Processos de formação dos neologismos

Há múltiplos processos de formação de neologismos. A criação de termos ou expressões pode surgir a partir de comparação com termos já usados, por prefixação, sufixação, justaposição ou aglutinação de termos ou até por empréstimo de termos de outras línguas.

Exemplos:

super-herói	herói muito capacitado
não policial	civil
enxugamento	contenção de despesas
pacotão, mensalão	conjunto de medidas
besteirol	conjunto cômico de bobagens
skatistas	que usam *skate*
jeans	estrangeirismo
xampu	estrangeirismo
abajur	estrangeirismo

Observe o uso de neologismos (no nível da palavra e da frase) criados magnificamente por Guimarães Rosa, no conto "Fita verde no cabelo".

"Havia uma aldeia em algum lugar, nem maior nem menor, com velhos e velhas que **velhavam**, homens e mulheres que esperavam, e meninos e meninas que nasciam e cresciam. Todos com juízo, suficientemente, menos uma meninazinha, a que **por enquanto**. Aquela, um dia, saiu de lá, com uma fita verde inventada no cabelo.

Sua mãe mandara-a, com um cesto e um pote, à avó, que a amava, a uma outra e quase igualzinha aldeia.

Fita-Verde partiu, sobre logo, ela a linda, **tudo era uma vez**. O pote continha um doce em calda, e o cesto estava vazio, que para buscar framboesas.

Daí, que, indo, no atravessar o bosque, viu só os lenhadores, que por lá lenhavam; mas o lobo nenhum, desconhecido nem peludo. Pois os lenhadores tinham exterminado o lobo."

(ROSA, João Guimarães. *Fita verde no cabelo*: nova velha história. Rio de Janeiro: Nova Fronteira, s/d.)

Já vimos que os neologismos podem expressar inventividade no texto escrito. É comum, portanto, os neologismos indicarem que o autor é pessoa atualizada.

Veja na seguinte canção o uso do neologismo "desconfigurar" confere ao texto um caráter de modernidade quando associado a outros vocábulos como: pane no sistema e reconfigurar o sistema.

"Admirável chip novo"
[Alusão ao livro de Aldous Huxley,
Admirável mundo novo (1932)]

Pane no sistema, alguém **me desconfigurou**
Aonde* estão meus olhos de robô?
Eu não sabia, eu não tinha percebido
Eu sempre achei que era vivo
Parafuso e fluido em lugar de articulação
Até achava que aqui batia um coração
Nada é orgânico, é tudo programado
E eu achando que tinha me libertado
Mas lá vem eles novamente
E eu sei o que vão fazer:
Reinstalar o sistema

Pense, fale, compre, beba
Leia, vote, não se esqueça
Use, seja, ouça, diga
Tenha, more, gaste e viva

Pense, fale, compre, beba
Leia, vote, não se esqueça
Use, seja, ouça, diga...
Não senhor, Sim senhor (2x)

Mas lá vem eles novamente
E eu sei o que vão fazer:
Reinstalar o sistema.

(Pitty. "Admirável chip novo". *Admirável chip novo*, CD. Deckdisc, 2003.)

Para finalizar, observe como Manuel Bandeira reflete a respeito do neologismo no poema a seguir:

---

* É importante destacarmos que a palavra "aonde" foi usada em desacordo com a norma culta. Observe:
  • Aonde: indica o lugar ao qual se vai. Usa-se *aonde* com os verbos que indicam movimento, deslocamento.
  • Onde: indica o lugar "em que se está" ou em que se permanece. Usa-se a forma *onde* com os verbos estáticos que pedem preposição *em*.

> **"Neologismo"**
>
> Beijo pouco, falo menos ainda
> Mas, invento palavras
> Que traduzem a ternura mais funda
> E mais cotidiana
> Inventei, por exemplo, o verbo **teadorar**
> Intransitivo;
> **Teadoro**, Teodora.
>
> (BANDEIRA, Manuel. *Neologismo. Manuel Bandeira.* Org. Salete de Almeida Cara. São Paulo: Abril Educação, 1981, p. 82.)

Estrangeirismo

Como vimos, **neologismo** é uma palavra ou expressão que criamos quando necessitamos nomear uma nova realidade. Conforme a intensidade do uso, o neologismo pode ser assimilado pela língua-padrão.

Vimos também que há vários processos de formação dos neologismos. Um desses processos é o que resulta nos **estrangeirismos**.

 **Estrangeirismo** é o uso de termos ou expressões tomadas por empréstimo de outras línguas.

Processos de formação dos estrangeirismos

Os estrangeirismos podem ser de várias origens:
- **Anglicanismos** (ou anglicismos): provenientes do inglês (futebol/shopping/happy-hour);
- **Arabismos:** provenientes do árabe (bazar/beirute);
- **Galicismos** (ou francesismos): provenientes do francês (matinê/toalete);
- **Castelhanismos**: provenientes do espanhol (guitarra/massivo);
- **Italianismos**: provenientes do italiano (pizza/fogazza/muçarela/mozarela);
- **Germanismos**: provenientes do alemão (chope);
- **Grecismos**: do grego (olímpico);
- **Latinismos**: provenientes do latim (currículo).

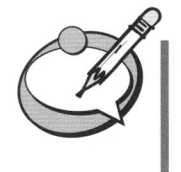

Quem nunca usou alguns destes termos?
linkar
blogueiro
internauta
clicar
site
deletar
twittar

Às vezes, usamos a palavra ou expressão estrangeira da forma como é grafada na língua original:

- skatistas (que usam *skate*)
- jeans (tecido/calças)
- avant-première (primeira apresentação)
- apartheid (vida separada/segregação)
- telex (meio de comunicação)

Outras vezes, fazemos adaptações na grafia, como em:

- xampu (*shampoo*: produto de higiene)
- abajur (*abat-jour*: quebra-luz)
- gol (*goal*: meta)

Algumas adaptações de termos franceses que resultaram em galicismos:

Termo original francês	Galicismo
avalanche	avalanche/avalancha
ballet	balé
bâton	batom
bibelot	bibelô
bidet	bidê
boite	boate
brevet	brevê
bouquet	buquê
boutique	butique
buffet	bufê
cabine	cabine/cabina
champagne	champanhe/champanha
châlet	chalé
camelot	camelô

camionnette	camionete/camioneta/ caminhonete/caminhoneta
carnet	carnê
chic	chique
cognac	conhaque
complot	complô
coupon	cupom
dossier	dossiê
édredon	edredom/edredão
filet	filé/filete
gaffe	gafe
garage	garagem
garçon	garçom/garção
guichet	guichê
madame	madame/madama
mayonnaise	maionese
maquette	maquete/maqueta
maquillage	maquiagem/maquilagem
matinée	matinê
omelette	omelete/omeleta
pivot	pivô
purée	purê/puré
raquette	raquete/raqueta
sabotage	sabotagem
toilette	toalete
vitrine	vitrine/vitrina

Curiosidades sobre anglicanismos (termos provenientes da língua inglesa)

Sanduíche: no século XVIII, John Montagu, conde Eduardo de Sandwich (1718-92), sentia-se tão bem à mesa do jogo que nem mesmo para tomar as refeições dela se afastava. Teve, então, a ideia de mandar preparar fatias de pão com carne ou queijo, saboreando-as enquanto jogava.

Linchar: derivado do nome próprio inglês Lynch, e da expressão *Lynch's law* (lei de Lynch). Entre o século XV e o século XIX, vários juízes com o mesmo nome, na Irlanda e nos Estados Unidos, condenaram criminosos sem processo legal. "Linchar" significa "executar sumariamente, segundo a lei chamada de Lynch; aplicação da lei de Lynch; execução sumária por uma população".

Boicote: do nome do capitão inglês James ou Charles Cunningham Boycott (1832-97), administrador das fazendas de Lord Erne, no distrito de Comemara, Irlanda. Boycott provocou, por volta de 1880, em consequência de suas exigências excessivas e severidades exageradas, uma recusa geral de trabalhar às suas ordens. "Boicote" significa "forma de coerção ou represália que consiste em impedir ou romper qualquer relação social ou comercial".

> **Slogan**: do inglês *slogan*, grito de guerra dos antigos montanheses da Escócia. Breve fórmula para fins e propaganda, apelo, lembrança, sugestão em poucas palavras, divisa, lema.
>
> (Fonte: SCHMIDT-RADEFELDT, Jurgen; SURING, Dorothea. *Dicionário dos anglicismos e germanismos da língua portuguesa*. Frankfurt am Main: Ferrer de Mesquita, 1997. Apud ILARI, Rodolfo. *Introdução ao estudo do léxico*. São Paulo: Contexto, 2002, p. 24.)

Observe o refrão da música a seguir e veja como os compositores transformaram o verbo "equalize" (em inglês) em "equalizar" (em português).

"Equalize"	
Às vezes se eu me distraio	As suas cores no seu olho, tão de perto
Se eu não me vigio um instante	Me balanço devagar
Me transporto pra perto de você	Como quando você me embala
Já vi que não posso ficar tão solta	O ritmo rola fácil
Me vem logo aquele cheiro	Parece que foi ensaiado
Que passa de você pra mim	
Num fluxo perfeito	Eu vou **equalizar** você
	Numa frequência que só a gente sabe
Enquanto você conversa e me beija	Eu te transformei nessa canção
Ao mesmo tempo eu vejo	Pra poder te gravar em mim [...]

(PITTY; SOUZA, Peu. "Equalize". *Admirável chip novo*. CD. Deckdisc, 2003.)

Vício ou recurso linguístico?

De acordo com a gramática oficial da língua portuguesa, o estrangeirismo é classificado como barbarismo, ou seja, seria um vício de linguagem. No entanto, atualmente há uma polêmica sobre a adequação ou não do uso de estrangeirismos na língua portuguesa.

Por um lado, há os que consideram inadequado o uso de estrangeirismos. Um deputado apresentou, recentemente, projeto de lei que propõe punições para o uso abusivo de palavras estrangeiras em nosso idioma. Por outro lado, há os que consideram que a língua é dinâmica e se os falantes introduziram termos emprestados de outros idiomas é porque isso se fez necessário. Como traduzir as palavras "pizza", "filé" ou "purê"?

Para finalizar, observe como Zeca Baleiro faz uma crítica bem-humorada ao uso exagerado de estrangeirismos na língua portuguesa.

"Samba do approach"	
Venha provar meu *brunch*	Depois do décimo *drink*
Saiba que eu tenho *approach*	Só um bom e velho *Engov*
Na hora do *lunch*	Eu tirei o meu *green card*
Eu ando de *ferryboat*	E fui pra *Miami Beach*
Eu tenho *savoir-faire*	Posso não ser *pop star*
Meu temperamento é *light*	Mas já sou um *nouveau riche*
Minha casa é *hi-tech*	Eu tenho *sex-appeal*
Toda hora rola um *insight*	Saca só meu *background*
Já fui fã do *Jethro Tull*	Veloz como *Damon Hill*
Hoje me amarro no *Slash*	Tenaz como *Fittipaldi*
Minha vida agora é *cool*	Não dispenso um *happy end*
Meu passado é que foi *trash*	Quero jogar no *dream team*
Fica ligada no *link*	De dia um *macho man*
Que eu vou confessar *my love*	E de noite *drag queen*

(Baleiro, Zeca. "Samba do approach". *Vô Imbolá*. CD. MZA Music, s/d.)

Sempre que você for escrever um estrangeirismo em sua forma original, as palavras ou expressões devem vir em itálico (texto digitado) ou entre aspas (texto manuscrito).

Arcaísmo

Como sabemos, a língua é um código mutante, ou seja, sofre mudanças constantes no decorrer dos tempos. Há expressões que caem em desuso e outras novas que são inseridas no conjunto do nosso vocabulário.

Assim é a nossa língua portuguesa: quando deixamos de usar certas expressões, elas se transformam em arcaísmos; quando acrescentamos outras ao nosso vocabulário, elas são chamadas de neologismos. São procedimentos linguísticos que se opõem.

Processo de formação dos arcaísmos

Arcaísmo é uma palavra, uma expressão ou mesmo uma construção frasal que caiu em desuso. Pode comprometer a comunicação ou refletir um traço de estilo do autor.

Vício ou recurso linguístico?

Literariamente, o arcaísmo pode ser um recurso de evocação do passado ao favorecer a recriação de uma atmosfera solene ou pitoresca de uma época. É o caso da linguagem utilizada em novelas ou filmes históricos.

O uso exagerado de arcaísmos pode indicar que a pessoa não está sintonizada com as mudanças de seu tempo.

Veja como Paulo Mendes Campos inicia sua crônica "Ser brotinho", do livro *O cego de Ipanema*.

"Ser **brotinho** não é viver em um píncaro azulado: é muito mais! Ser brotinho é sorrir bastante dos homens e rir interminavelmente das mulheres, rir como se o ridículo, visível ou invisível, provocasse uma tosse de riso irresistível."

(CAMPOS, Paulo Mendes. *O cego de Ipanema*. Rio de Janeiro: Editora do Autor, 1960, p. 15.)

Observe as expressões que se tornaram arcaísmos em "Caso de secretária", de Carlos Drummond de Andrade, do livro *Cadeira de balanço*:

"– O senhor vai comemorar em casa ou numa **boate**?
Engasgado, confessou-lhe que em parte nenhuma. Fazer anos era uma droga, ninguém gostava dele neste mundo, iria rodar por aí à noite, solitário, como **o lobo da estepe**."

(ANDRADE, Carlos Drummond. *Cadeira de balanço*. São Paulo: Record, 1993, p. 27.)

Os arcaísmos, portanto, não foram sempre arcaísmos. Determinadas expressões vocabulares passam a ser consideradas antiquadas com o decorrer do tempo e, muitas vezes, dependem do local ou contexto em que são utilizadas. Há expressões usadas hoje em Portugal que, no Brasil, são consideradas arcaísmos. Veja:

Em Portugal (hoje)	No Brasil (hoje)
Quero uma **chávena** de chá.	Quero uma **xícara** de chá.
O **púcaro** de açúcar está cheio.	O **pote** de açúcar está cheio.

A seguir, alguns arcaísmos e seus significados:

acepipe	aperitivo, petisco
alcaguete	delator
alfarrábio	sebo de livros
ceroula	cueca longa
fuá, banzé	confusão
janota	pessoa elegante, bem-vestida
macambúzio	carrancudo, triste
nosocômio	hospital
sabatina	prova escolar
cáspite!	puxa! caramba!
doer pra chuchu	doer muito
supimpa	interessante
apresamento	captura
corsário	pirata

Divirta-se agora com as seguintes letras de músicas da época da Jovem Guarda.

"Broto legal (I'm in love)"	
Olha que **broto legal** Garoto fenomenal Fez um sucesso total E abafou no festival E quando ele entrou O broto logo me olhou Pra mim sorrindo piscou E pra dançar então tirou O broto então Se revelou Mostrou ser **maioral**	A turma toda até parou No rock'n roll Nós dois demos um show Puxei o broto pra cá Virei o broto pra lá A turma toda gritou Rock'n roll! E rock continuou [...] (EARNHART [versão Renato Côrte Real]. "Broto legal (I'm in love)". *Celly Campello.* CD. Serie Bis: Jovem Guarda, 2000.)

"Festa de arromba"	
Vejam só que **festa de arromba**	Roberto Carlos em seu novo carrão
Outro dia eu fui parar	Enquanto Tony e Demétrius
Presentes no local,	Fumavam no jardim
O rádio e a televisão	Sérgio e Zé Ricardo
Cinema, mil jornais	Esbarravam em mim
Muita gente, confusão	Lá fora um corre corre
Quase não consigo	Dos **brotos** do lugar
Na entrada chegar	Era o Ed Wilson que acabava de
Pois a multidão	chegar
Estava de amargar	Hey, hey (hey, hey)
Hey, hey (hey, hey)	**Que onda**
Que onda	**Que festa de arromba** [...]
Que **festa de arromba**	(CARLOS, Erasmo; CARLOS, Roberto. "Festa de
Não parasse de dançar	arromba". *20 músicas do século XX. Jovem Guarda.*
Mas vejam quem chegou de repente	CD. Millennium, s/d.)

Para finalizar, vamos substituir os arcaísmos no texto a seguir?

* Estes quitutes e acepipes estão supimpas. No sarau de trovadores e menestréis, servir-se-á alguma beberagem?

  (Estes salgadinhos e docinhos estão excelentes. Na reunião de poetas e músicos, será servida alguma bebida?)

NÍVEIS DA LINGUAGEM

Dois níveis principais marcam a língua: o mais coloquial e o mais formal. Ao construirmos nosso texto, devemos escolher o ponto mais adequado entre um e outro em função do público que pretendemos atingir. Na prática, existem caminhos que podem ser percorridos entre os dois níveis: podemos ser mais ou menos coloquiais, mais ou menos formais.

Linguagem mais coloquial De cunho mais informal, familiar; mais íntima, espontânea, popular.	Autobiografias Cartas pessoais Composições musicais populares Conversas informais Crônicas E-mails pessoais Mensagens no Twitter Orkut MSN
Linguagem mais formal Quando se adotam posturas menos espontâneas; linguagem mais erudita, menos íntima, mais especializada, de acordo com a norma culta.	Aulas Discursos Palestras Seminários Manuais Bulas Documentos Textos: acadêmicos, didáticos, institucionais, jurídicos, técnico-científicos

Uma palestra, por ter objetivo didático e informativo, exige um nível mais formal da língua. No entanto, em determinados momentos, a coloquialidade faz-se necessária para motivação e/ou esclarecimento dos ouvintes. É possível e imprescindível, então, adotar-se um nível equilibrado entre o formal e o coloquial no processo de comunicação oral.

As crônicas são textos literários que apresentam correção linguística e certo grau de formalidade. No entanto, em função do assunto, do tipo de leitor, do veículo de publicação e da intenção do escritor, a linguagem pode apresentar traços de informalidade. Grande parte das crônicas apresenta, inclusive, traços de humor.

Compare os versos seguintes e observe o emprego dos níveis da língua. As diferenças na seleção vocabular, na combinação dos termos, no uso das figuras de linguagem e o contexto histórico indicam que o primeiro texto representa o ponto extremo da linguagem coloquial enquanto o segundo é representativo de linguagem bastante formal.

"Samba do Arnesto"	Soneto
O Arnesto nus convidô Prum samba, ele mora no Brais Nóis fumu num encontremu ninguém Nóis vortemu cuma baita duma reiva Da otra veiz nóis num vai mais Nóis num semu tatu [...] (BARBOSA, Adoniran; Alocin. "Samba do Arnesto". *Adoniran Barbosa. Meus momentos.* CD. EMI, s/d.)	Amor é fogo que arde sem se ver; É ferida que dói e não se sente; É um contentamento descontente; É dor que desatina sem doer; [...] Mas como causar pode seu favor Nos corações humanos amizade, Se tão contrário a si é o mesmo amor? (CAMÕES, Luis de. *Luís Vaz de Camões.* São Paulo: Abril Educação, 1980, p. 31.)

O jargão

 O **jargão** é um código linguístico bastante particular. É um conjunto de termos ou expressões comuns a um grupo restrito: termos especializados de direito, medicina, *marketing*, jornalismo, artes plásticas, música etc.

- Deu um bico na redonda e ela foi beijar o véu da noiva.
- Deu um chute na bola e marcou um gol.
- Desferiu um pontapé no esférico que foi arremessado para o interior da rede.

Ao ler as frases anteriores com atenção, percebemos que elas transmitem a mesma mensagem, só que de formas diferentes, variando de um nível mais coloquial para um nível mais formal.

Para usar cada uma das frases citadas, o emissor deve considerar quem é o seu público. Um especialista em futebol? Um espectador comum? Um pesquisador acadêmico?

Para que a comunicação seja eficaz, é necessário que tanto emissor como receptor sejam conhecedores do código empregado na transmissão da mensagem. O vocabulário fora de contexto pode provocar falha no processo comunicativo, tanto em sua forma oral quanto escrita.

Grupos que têm interesses ou atividades comuns, em determinadas situações particulares, utilizam uma linguagem mais especializada. Criam sua própria língua: o jargão. O jargão pode ser mais coloquial (gírias de determinada comunidade e vocabulário mais popular), como pode ser mais formal (linguagem científica ou técnica).

Alguns exemplos de textos com jargões:

Artes plásticas	"A *Negra*, gigantesca figura chapada, desprovida de qualquer profundidade, a composição constituída por elementos orgânicos, como a folha de bananeira em contraposição aos planos paralelos geométricos do segundo plano da grande tela." (AMARAL, Aracy. "Tarsila". *Tarsila do Amaral*. Buenos Aires-Argentina: Banco Velox, s/d, p. 3.)
Direito	"O PRESIDENTE DO CONSELHO DELIBERATIVO DO FUNDO NACIONAL DE DESENVOLVIMENTO DA EDUCAÇÃO – FNDE, no uso das atribuições legais que lhe são conferidas pelo artigo 14, Capítulo V, Seção IV, do Anexo I, do Decreto n. 6.319, de 20/12/2007, e os artigos 3º, 5º e 6º do Anexo da Resolução/CD/FNDE n. 31, de 30/9/2003, e [...]." (Resolução n. 17, de 7 de maio de 2008.)
Economia	"O governo dos Estados Unidos já prepara estratégias de saída da crise financeira internacional, mas avalia que a economia ainda está frágil demais e é cedo para reduzir os estímulos e apertar a política monetária." (*O Estado de S. Paulo*. Economia & Negócios, 22 jul. 2009, p. B1.)
Esportes	Feminino: Brasil começa busca por vaga para o mundial de 2010. – A seleção feminina de vôlei estreia hoje no torneio classificatório para o Campeonato Mundial feminino de 2010. Favoritas, as campeãs olímpicas enfrentam a Venezuela, às 19h, em Contagem (MG)." (*Folha de S.Paulo*. Esportes. 22 jul. 2009, p. D2.)
Meteorologia	"Após três semanas de tempo chuvoso, o período foi marcado pela redução da precipitação. Apesar da queda na umidade do solo, o índice ainda é adequado para o desenvolvimento das pastagens [...]." (*O Estado de S. Paulo*. Agrícola, 22 jul. 2009, p. 5.)
Informática	"Falta de padronização de hardware e software irrita consumidor; confira esforços de unificação e galeria de adaptadores." (*Folha de S.Paulo*. Informática. 22 jul. 2009, p. F1.)
Literatura	"Histórica e essencialmente matriz da novela e do romance, o conto apresenta estrutura própria, diversa da que preside aquelas e demais formas narrativas (o apólogo, a crônica, o poema em prosa, etc.)." (MOISÉS, Massaud. *Dicionário de termos literários*. São Paulo: Cultrix, 1995, p. 100.)

Saúde	"Uma meta-análise da Cochrane (organização internacional que avalia pesquisas médicas) mostra que um terço dos cânceres de mama diagnosticados em países com rastreamento estabelecido não causaria sintomas ou não levaria as pacientes à morte, mesmo que não fossem tratados." (*Folha de S.Paulo*. Saúde. 22 jul. 2009, p. C9.)
Turismo	"Copa do Mundo África do Sul 2010 – Traslados de chegada e saída, hospedagem, café da manhã, city tour nas cidades de acomodação, assistência de guias e coordenação local, cartão de assistência internacional ao viajante (seguro), traslados para os jogos." (*Folha de S.Paulo*. Turismo. 23 jul. 2009, p. F10.)

Como e quando usar o jargão?

Nos casos de:

- **Mesmo campo de atuação**: quando todos no grupo exercem atividades similares e dominam o código linguístico empregado. Ex.: convenção de profissionais da área de Tecnologia da Informação.
- **Texto especializado**: quando o texto, escrito ou oral, for divulgado em contexto de área específica. Ex.: um artigo científico de Genética publicado em revista científica de sua área. Ou: uma defesa de tese de doutorado de Economia em linguagem acadêmica para banca da mesma área de pesquisa da tese.
- **Grupos com interesses comuns**: quando em conversas ou outras situações de comunicação, os envolvidos partilham de mesmos interesses. Ex.: comunidades no Orkut, participação em chats na internet, debates televisivos sobre futebol, encontro de membros de clubes de motoqueiros etc.

Como e quando não usar o jargão?

Nos casos de:

- **Campos de atuação diferentes**: quando as partes envolvidas não dominam o código linguístico empregado. Ex.: palestra de especialista em Direito Tributário para estudantes de nível fundamental, na faixa etária entre 10 e 12 anos.

- **Veículo de comunicação inadequado** ao discurso. Ex.: uma receita de pão de queijo publicada em uma revista de Medicina Legal. Ou: uma equação matemática em um cardápio de lanchonete.
- **Conflito de interesses** entre as partes envolvidas. Ex.: discurso técnico de engenharia genética para fãs de rock. Ou: discurso de um surfista para um pesquisador de física teórica.

Efeitos da inadequação da linguagem

- **O objetivo do texto pode não ser alcançado**: se a linguagem estiver fora de contexto, as intenções do autor (informar, convencer, emocionar, discutir) podem não ser compreendidas. Ex.: requerimento oficial com linguagem emotiva. Ou: carta de amor com linguagem informativa.
- **Interpretação incorreta da mensagem**: o receptor da mensagem pode se sentir ofendido ou marginalizado por considerar o nível "elevado" demais ou "baixo" demais para seu grau de conhecimento. Ex.: texto jurídico encaminhado a pessoa pouco alfabetizada. Ou: e-mail com piadinhas anexadas de funcionário para diretor executivo da empresa onde ambos trabalham.

O jargão, quando utilizado em contexto adequado, é uma ferramenta linguística bastante útil. Se fora de contexto, é um vício de linguagem a ser evitado porque denota mau uso da língua. O sufixo "ês" é aplicado para definir os jargões que apresentam excesso de termos especializados: **o juridiquês, o publicitês, o economês, o politiquês.**

Exemplo de mau uso de jargão:

Receita culinária	
Jargão inadequado	Corte um *ananas sativus* em secções delgadas e aplique estas secções sobre o trem posterior do suíno. Faça voltar ao forno por 30 minutos a uma temperatura de 220°.
Texto claro e simples	Corte um abacaxi em fatias finas e as coloque sobre o pernil do porco. Coloque de novo no forno por meia hora em fogo alto.

Veja como se podem usar jargões para criar um texto literário. Gilberto Gil parte de uma colagem de termos que remetem às novas tecnologias, aproxima *viagem pela net* de *viagem pelo mar*. Brinca com aproximação e afastamento (Connecticut = conectar + cortar) e "desembarca" no primeiro samba oficial escrito no Brasil (cf. registro da Biblioteca Nacional, em 1916), "Pelo telefone" – a revolução tecnológica da época:

"Pelo telefone" (1916)	"Pela internet" (1997)
O Chefe da Polícia Pelo telefone Manda-me avisar Que na Carioca Tem uma roleta Para se jogar [...]	Criar meu web site Fazer minha home-page Com quantos gigabytes Se faz uma jangada Um barco que veleje
	Que veleje nesse infomar Que aproveite a vazante da infomaré Que leve um oriki do meu velho orixá Ao porto de um disquete de um micro em Taipé
[Outra versão]	
O Chefe da Folia Pelo telefone Manda-me avisar Que com alegria Não se questione Para se brincar	Um barco que veleje nesse infomar Que aproveite a vazante da infomaré Que leve meu e-mail até Calcutá Depois de um hot-link Num site de Helsinque Para abastecer
(DONGA; ALMEIDA, Mauro de. "Pelo telefone". *20 músicas do século XX. Quarteto em Cy & MPB-4*. CD. Millennium, s/d.)	Eu quero entrar na rede Promover um debate Juntar via Internet
	Um grupo de tietes de Connecticut
	De Connecticut acessar O chefe da Macmilícia de Milão Um hacker mafioso acaba de soltar Um vírus pra atacar programas no Japão
	Eu quero entrar na rede pra contactar Os lares do Nepal, os bares do Gabão Que o chefe da polícia carioca avisa pelo celular Que lá na praça Onze tem um videopôquer para se jogar
	(GIL, Gilberto. "Pela internet". QUANTA. CD. Warner Music, 1997.)

O clichê

Você, com certeza, já ouviu muitas vezes as seguintes expressões ou as utilizou:

- Minha vida é um livro aberto.
- Vivendo e aprendendo.

Pelo fato de serem expressões utilizadas em excesso, tornaram-se desgastadas. São os chamados *clichês*.

O clichê é conhecido como "chavão", "frase feita" e "lugar-comum". Como vício de linguagem deve ser evitado. Procure sempre outra expressão ou frase para substituir o clichê que você utilizaria.

Tipos de clichês

1. Alguns *provérbios* e ditos populares são considerados clichês porque são usados com tal frequência que acabam por expressar falta de inventividade do emissor da mensagem. Isso não significa que você não deva usar provérbios, mas evitar aqueles que já foram citados em excesso. Exemplos:

- Deus escreve certo por linhas tortas.
- Em casa de ferreiro, espeto de pau.
- Filho de peixe, peixinho é.
- A mentira tem pernas curtas.
- Um por todos, todos por um
- Quem ama o feio bonito lhe parece.
- Quem vê cara não vê coração.

2. Mas não é só na linguagem popular que ocorrem clichês. Há pessoas que gostam de usar **citações de frases alheias**, mas o fazem erroneamente ao mencionar um autor que não proferiu a frase citada ou, pior, desconhecem a autoria da citação. Erram, também, ao mencionar

a frase de forma diferente da original. Isso tem ocorrido muito em mensagens transmitidas via internet. Mesmo citadas corretamente, algumas frases já ficaram desgastadas com o tempo.

Você não deve deixar de usar citações, mas evitar aquelas que, de tanto serem utilizadas, perderam seu significado. Quando fizer citações, faça-as corretamente informando quem é seu autor.

Citações que podem ser clichês:

- "Só sei que nada sei." (Sócrates)
- "Tudo vale a pena se a alma não é pequena." (Fernando Pessoa, *Mar Português*)
- "Há algo de podre no reino da Dinamarca." (Shakespeare, *Hamlet*)
- "Há mais mistérios entre o céu e a terra do que supõe nossa vã filosofia." (Shakespeare, *Hamlet*)
- "Penso, logo existo." (Descartes, *Discurso do Método*)
- "Ser ou não ser, eis a questão." (Shakespeare, *Hamlet*)

3. Alguns clichês são muito pontuais, duram o tempo de alguma situação política ou histórica. São os *clichês de época*: ocorrem particularmente nas mídias impressa e televisiva.

Clichês de época:

Período	Clichê
• em tempos de epidemia	grupo de risco; avanço da doença; a doença se alastra rapidamente
• em tempos de autoritarismo	intromissão em assuntos internos; governo golpista; impasse político
• em tempos de novos governos	vamos colocar a casa em ordem
• em final de mandatos	vamos fechar com chave de ouro

4. Há *clichês diversos* a serem evitados como muitos dos seguintes. Não esqueça, porém, que nem sempre as expressões a seguir funcionam como clichês. Se utilizadas em contexto adequado, são expressões significativas da mensagem.

Clichês diversos (frases feitas/lugares comuns):

- fechar a sete chaves
- a sorte caiu em suas mãos
- amarga decepção
- calorosa recepção
- cego de amor
- colocar a casa em ordem
- comer o pão que o diabo amassou
- como diz a lenda
- correr atrás do prejuízo
- crítica construtiva
- dar murro em ponta de faca
- de mão beijada
- desde os primórdios da civilização
- é óbvio ululante
- efeito dominó
- eis que de repente
- errar é humano
- estar de olhos bem abertos
- fazer das tripas coração
- foi desbaratada a quadrilha

- foi encontrado em petição de miséria
- fugir da raia
- girar em torno de...
- jogar tudo para o alto
- liderança isolada
- marido (esposa) exemplar
- minha vida é um livro aberto
- na vida real
- não tem pra onde correr
- nestes anos que vivi
- o relógio é seu pior inimigo
- poder de fogo
- por estas mal traçadas linhas
- por onde Judas perdeu as botas
- ressurge o fantasma do autoritarismo
- um belo dia
- uma obra faraônica
- vivendo e aprendendo
- viver intensamente, cada minuto de sua vida
- voltar à estaca zero

A paródia

Na era da informática, recebemos muitas curiosidades pela internet. É comum os internautas transformarem expressões linguísticas já conhecidas em outras mais engraçadas e até críticas. Estes autores fazem, portanto, *paródia* de textos originais. Alguns ditados foram transformados em outros textos interessantes. Divirta-se.

Provérbio da internet	Provérbio original
A pressa é inimiga da conexão.	A pressa é inimiga da perfeição.
Na informática nada se perde, nada se cria. Tudo se copia... e depois se cola.	"Na natureza nada se cria, nada se perde. Tudo se transforma." (Lavoisier)

Quando um não quer, dois não teclam.	Quando um não quer, dois não brigam.
Quem com vírus infecta, com vírus será infectado.	Quem com ferro fere, com ferro será ferido.
Quem espalha e-mails, colhe spams.	Quem semeia ventos, colhe tempestades.

Chico Buarque de Hollanda, na canção "Bom conselho", faz uma paródia de provérbios bem conhecidos. Ele recria a linguagem proverbial em outra de cunho próprio. Assim, expressa sua mensagem crítica da realidade. Observe:

"Bom conselho"	
Letra da música	**Provérbio original**
Ouça um bom conselho Que eu lhe dou de graça	Se conselho fosse bom, ninguém dava, vendia.
Inútil dormir que a dor não passa	É só dormir que a dor passa.
Espere sentado Ou você se cansa	Tudo alcança quem não espera sentado.
Está provado, quem espera nunca alcança	Quem espera sempre alcança.
Venha, meu amigo Deixe esse regaço	A sorte se lança no regaço, mas do Senhor procede toda a determinação.
Brinque com meu fogo Venha se queimar	Não brinque com fogo porque você pode se queimar.
Faça como eu digo Faça como eu faço	Faça o que eu digo, mas não faça o que eu faço.
Aja duas vezes antes de pensar	Pense duas vezes antes de agir.
Corro atrás do tempo	Não corra atrás do tempo.
Vim de não sei onde	Eu vim nem sei mais de onde/Mandado não sei por quem/Comprar algo que se esconde/Mas não sei onde é que tem.
Devagar é que não se vai longe	Devagar se vai ao longe.
Eu semeio o vento Na minha cidade Vou pra rua e bebo a tempestade	Semeie ventos e colherá tempestades.

(HOLLANDA, Chico Buarque de. "Bom conselho". *Quando o carnaval chegar*. LP. Marola Edições Musicais, 1972.)

Vício ou recurso linguístico?

1. A banda Forfun tem várias letras que tratam de forma lúdica e criativa o desgaste de uma relação amorosa repetitiva (assim como o desgaste de um clichê).

"História de verão"

Que pena, que não valeu a pena
você dizia sempre **pra eu me pôr no seu lugar**
se lembra da gente no cinema?
Eu arrotava alto pra você se envergonhar
e eu te buscava às 9, você de uniforme
a gente não sabia, **tudo um dia tem um fim**

e **acaba sempre tudo igual**, ninguém esquece no final
e as férias viram só recordação
você no seu mundinho e eu rindo do que aconteceu
foi só mais uma história de verão

e agora eu **sei que não é hora**
de te abraçar bem forte e fazer o que eu não fiz
e a distância já não tem importância
agora que eu sei que é **você quem eu sempre quis**
lembra a tarde em que eu roubei
o carro da sua mãe e no inglês eu te levei?
se foi divertido, hoje já não faz sentido
quem podia adivinhar no que aquilo ia dar?

e **acaba sempre tudo igual, ninguém esquece no final**
e as férias viram só recordação
você no seu mundinho e eu rindo do que aconteceu
foi só mais uma história de verão

(RODRIGO; VITOR; DANILO; NYCOLAS. "História de verão". *Teoria dinâmica gastativa*. CD. Universal, 2005.)

---

2. A carta seguinte é um exemplo de uso inadequado dos clichês:

Minha adorada amada:

Venho, por estas mal traçadas linhas, dizer-lhe, do fundo do meu coração, que estou cego de amor por você, minha musa e mulher exemplar.

Sei que as aparências enganam e que quem vê cara não vê coração, mas também sei que os olhos são o espelho da alma. Assim, dentro da minha infinita humildade, ouso revelar-lhe que percebo que meus anseios não são correspondidos, o que parte meu coração. No entanto, como a esperança é a última que morre e devagar se vai ao longe, não vou fugir da raia.

Minha vida é um livro aberto e não tenho para onde correr. Não desejo jogar tudo para o alto nem fazer das tripas coração. Estou comendo o pão que o diabo amassou e tenho vagueado por onde Judas perdeu as botas.

O relógio é nosso carrasco e a pressa é a inimiga da perfeição. Então, quem espera sempre alcança. Vamos colocar a casa em ordem! Não me faça viver mais uma amarga decepção! Vamos viver intensamente cada minuto de nossas vidas! É óbvio ululante que somos almas gêmeas!

Mas, se não houver sensibilidade de sua parte por este amor infinito que nutro por você, perceberei que a vida é uma ilusão. Você me encontrará em petição de miséria, mas saberei dar a volta por cima e reiniciarei minha vida da estaca zero. Vivendo e aprendendo...

Pense duas vezes antes de agir. É melhor um pássaro na mão do que dois voando. Gostaria de receber de sua parte uma calorosa recepção, apesar de saber que quem semeia ventos colhe tempestades. Mas, quem não arrisca não petisca.

Encerro esta missiva com chave de ouro: volte para mim, serei um marido exemplar e eterno apaixonado. Milhões de beijos e abraços do seu Simplício Adorado das Alturas.

Situações-clichê

Os clichês não ocorrem apenas em textos escritos ou orais. Aparecem, também, em situações recriadas à exaustão, como as seguintes:

- **Nas novelas de televisão**: moça pobre, boa, honesta e trabalhadora apaixona-se por homem rico e poderoso cuja família não aprova a relação entre os dois. Gera-se uma situação de conflitos (pessoais, sociais, afetivos, financeiros) que culmina com um final feliz: a moça pobre e boa casa-se com o homem rico e poderoso contra a vontade da família má do moço. É uma situação-clichê usada à exaustão em roteiros românticos televisivos, que provém do melodrama romântico.
- **Na publicidade**: uma praia ou um campo com aspecto paradisíaco, muito claro; uma moça e um moço com roupas leves e esvoaçantes; cada um vem de um lado correndo (em câmara lenta) até se encontrarem no meio do cenário. O moço enlaça e gira a moça. O resultado é transmitir uma sensação de bem-estar. É uma situação-clichê que serve de cenário para a propaganda de produtos de gêneros diversos.
- **Nos filmes ou séries televisivas**: rapaz franzino, de aspecto humilde, bom caráter, defensor da justiça social confronta-se com adversário de aspecto físico forte, avantajado, de índole maléfica e mau caráter. Em algum momento, os dois entram em conflito e o jovem de aspecto pouco saudável revela-se exímio lutador de artes marciais e inteligência acima da média. O homem forte e grande, vencido, revela-se pouco dotado de inteligência e faz mau uso da força bruta. A situação-clichê é que o mocinho justo e hábil sempre vence o malfeitor.

Reflexões sobre os clichês

Rui Castro, no texto "Estar com a macaca", reflete sobre usar ou não usar clichês.

Estar com a macaca

RIO DE JANEIRO – Gesto impensado, discussão acalorada, disputa acirrada. Falha clamorosa, escoriações generalizadas, gargalhadas estrepitosas. Rota de colisão, mistura explosiva, ruído ensurdecedor. Já reparou como uma palavra puxa a outra? E nada de confiar nos firmes propósitos, nas enérgicas providências e nas opiniões abalizadas – a impunidade campeia, os prognósticos são sombrios e o panorama, desolador.

Não falta quem engula em seco, exerça uma fidelidade canina ou goze merecidas férias. Outros lançam mão de expedientes escusos, apostam todas as fichas e se expõem à execração pública. Com sorte, envolvem-se em espessa penumbra, aguentam o repuxo e são relegados ao esquecimento. E o que dizer dos que envidam esforços, agregam valor e logram seu intento? São os dignos de encômios, os que deixam marcas indeléveis e desfrutam de merecida estima.

À primeira espiada em "O Pai dos Burros – Dicionário de Lugares-Comuns e Frases-Feitas", tem-se a impressão de que o autor, Humberto Werneck, levou o léxico inteiro ao pelourinho. São cerca de 6.000 expressões previsíveis e repetitivas que ele recomenda evitar. Mas, se comer mosca, bater o martelo ou abotoar o paletó são lugares-comuns, o que sobrou para escrever?

"Não é um index prohibitorum. É mais um abra-o-olho do que um não-pode", me diz Humberto – um chamado a que jornalistas, escritores e outros bichos tentem manter a língua sedutora e eficiente. Nesse caso, estou com ele: quem pensa ou escreve com frases-feitas não está pensando, nem escrevendo.

Mas confesso que tenho um chiquê por certas expressões que Werneck condena, como metrópole tentacular, trama diabólica e festim pantagruélico. E não vou abrir mão do estar com a macaca, fazer boca de siri e viver à tripa forra.

(CASTRO, Ruy. "Estar com a macaca". *Folha da Manhã*, São Paulo, 14 set. 2009.)

2

A LINGUAGEM FIGURADA

Já ouvimos muitas vezes comentários como:

- Isto é **linguagem figurada**!
- Qual é a **conotação** que você pretende dar a esta palavra?
- Qual é o sentido desta afirmação: **denotativo** ou **conotativo**?
- **Figura de linguagem**, afinal o que é?

Tais termos em destaque estão intimamente ligados a dois níveis linguísticos: o nível informativo e o nível criativo.

DENOTAÇÃO E CONOTAÇÃO

As palavras podem ser empregadas em dois sentidos: **denotativo** e **conotativo**.

As palavras têm valor *denotativo* quando são usadas no sentido literal, atribuído pelo dicionário. Pode-se dizer que elas são mais voltadas para a referencialidade exterior, indicando a realidade de modo preciso, imediato, porque designam um ser de forma objetiva.

Observe os exemplos:

a) O marinheiro sabia como fazer vários tipos de **nós**.

"nó *s. m.* 1. entrelaçamento de duas extremidades a fim de uni-las, marcá-las ou encurtá-las [...]."

b) A produção de **mel** cai nesta estação do ano.

"**mel** [*pl. méis e meles*] *s. m.* líquido doce e viscoso produzido pelas abelhas com o néctar das flores [...]."

Essas definições objetivas (de *nó* e de *mel*) encontramos no *Míni Houaiss, Dicionário da Língua Portuguesa*, de 2008. São definições que servem para informar e não para emocionar. *Nó* e *mel* foram descritos, assim, denotativamente.

O significado comum das palavras, seu sentido *denotativo*, pode ser modificado, deslocado para uma pluralidade de sentidos, a partir de várias motivações:

- pela experiência pessoal do emissor;
- pela intenção do emissor em emocionar (e não só informar);
- pela intenção do emissor em criar novos significados para uma mesma palavra.

A esses novos sentidos atribuídos à palavra, desviando-se do código comum denotativo e com expressão de inventividade, dá-se o nome de *sentido conotativo*. Observe o exemplo de José de Alencar, em *Iracema*:

"Iracema, a virgem dos lábios de **mel**, que [...]"

(ALENCAR, José de. *Iracema*. São Paulo: Ática, 2005, p. 16.)

Aqui, o significado de *mel* não se resume ao alimento mel. O autor criou outro significado para a palavra. *Mel* passa a sugerir delicadeza, suavidade, doçura, no sentido conotativo. Não é mais o *mel* objetivamente, mas uma impressão dele.

Observe, nos seguintes versos, como Carlos Drummond de Andrade caracteriza os seres inanimados, criando novos sentidos para as palavras:

"Poema de sete faces"

[...]
As casas espiam os homens
que correm atrás de mulheres.
A tarde talvez fosse azul,
não houvesse tantos desejos.

O bonde passa cheio de pernas:
pernas brancas pretas amarelas.
Para que tanta perna, meu Deus, pergunta meu coração.
Porém meus olhos
não perguntam nada. [...]

(ANDRADE, Carlos Drummond de. Poema de sete faces. In: MORICONI, Ítalo (org.). *Os cem melhores poemas brasileiros do século*. Rio de Janeiro: Objetiva, 2001. p. 29.)

Compare:

Sentido denotativo	Sentido conotativo
Significado comum	Significado deslocado
Sentido literal/real	Sentido criativo/inventivo
Sentido referencial/informativo	Sentido expressivo/pessoal
Expressão de objetividade	Expressão de subjetividade

FIGURAS DE LINGUAGEM

- Como atribuir sentido conotativo às palavras?

Uma das maneiras para atribuirmos sentidos inventivos às palavras dá-se por meio das *figuras de linguagem*, também chamadas de *figuras de estilo*. Criamos imagens próprias para expressarmos nossa maneira de ver os objetos, as pessoas, as paisagens, os seres em geral. Criamos figuras para representar, de uma maneira subjetiva, o nosso pensamento a respeito da realidade. Veja o exemplo:

 As palmeiras *pareciam chorar* durante a tormenta.

Sabemos que objetivamente palmeiras não choram. Mas, por uma associação de ideias, criamos uma figura que nos faz imaginar de maneira inusitada o "sentimento das palmeiras". Criamos um efeito que nos dá a impressão de que as palmeiras têm sentimentos humanos. Criamos um sentido conotativo para nos referirmos aos seres vegetais.

Para facilitar o uso e o reconhecimento das figuras de linguagem, podemos classificá-las em *sonoras*, de *pensamento*, de *sintaxe* e de *palavras*.

Figuras de som

Podem ser bem identificadas quando as pronunciamos em voz alta, exatamente porque sua função é provocar efeitos sonoros diferentes dos comuns.

Aliteração

Consiste na repetição de sons consonantais (de consoantes). É um recurso muito utilizado em composições musicais, trava-línguas e composições poéticas em que se queira atribuir um caráter musical.

Identifique as repetições de consoantes nos textos a seguir:

"O pato"
Lá vem o pato
Pata aqui, pata acolá
La vem o pato
Para ver o que é que há [...]
(Moraes, Vinícius; Toquinho. "O pato". *Como dizia o poeta – Vinícius de Moraes*. CD. Som Livre, 2001.)

Assonância

Consiste na repetição de sons vocálicos (de vogais). É também um recurso muito utilizado em composições musicais, trava-línguas e textos poéticos aos quais se queira atribuir um caráter musical. É frequente a presença de assonâncias nas rimas. Aprecie o efeito sonoro das assonâncias nestes versos de Cecília Meireles:

"A bailarina"
Esta menina
tão pequenina
quer ser bailarina.
Não conhece nem dó nem ré
mas sabe ficar na ponta do pé.
Não conhece nem mi nem fá
Mas inclina o corpo para lá e para cá.
Não conhece nem lá nem si,
mas fecha os olhos e sorri. [...]
(Meireles, Cecília. "A bailarina" *Ou isto ou aquilo*. Rio de Janeiro: Civilização Brasileira, 1977, p. 15.)

Paranomásia

Consiste no emprego de palavras parônimas (que têm sons parecidos). Muitas vezes criam ambiguidade, outras vezes servem para dar um tom engraçado ao texto ou uma sonoridade diferente. Observe o uso dos parônimos no seguinte poema de José Paulo Paes:

"Raridade"

A arara
é uma ave rara
pois o homem não pára
de ir ao mato caçá-la
para a pôr na sala
em cima de um poleiro
onde ela fica o dia inteiro
fazendo escarcéu
porque já não pode
voar pelo céu.

E se o homem não para
de caçar arara,
hoje uma ave rara,
ou a arara some
ou então muda seu nome
para arrara.

(PAES, José Paulo. *Olha o bicho*. São Paulo: Ática, 1998.)

Onomatopeia

Consiste na criação de palavras que imitam sons. É comum na reprodução das vozes dos animais e é muito utilizada nas histórias em quadrinhos para representar sons de ruídos, quedas, gritos etc.

Observe o efeito das onomatopeias na canção "Bicharada", da peça teatral *Os saltimbancos.*

"Bicharada"
Au, au, au. Hi-ho hi-ho.
Miau, miau, miau. Cocorocó.
O animal é tão bacana
Mas também não é nenhum banana.
Au, au, au. Hi-ho hi-ho.
Miau, miau, miau. Cocorocó.
Quando a porca torce o rabo
Pode ser o diabo
E ora vejam só.
Au, au, au. Cocorocó. [...]

(BUARQUE, Chico; ENRIQUEZ, Luiz; BARDOTTI, Sergio. "Bicharada". *Saltimbancos.* LP. Polygram, 1977.)

Portanto, quando criamos figuras de linguagem sonoras, estamos atribuindo um sentido novo à nossa linguagem: o sentido conotativo. Alguns verbos ou substantivos que representam as vozes dos animais têm origem onomatopaica como ciciar (de cicio) ou coaxar (de coaxo).

Figuras de pensamento

As figuras de pensamento podem ser identificadas pela associação não explícita de ideias que o emissor pretende transmitir ao receptor da mensagem.

Antítese

Consiste na aproximação de termos ou frases que se opõem pelo sentido.

 Estou com a cabeça cheia de pensamentos ocos. (*cheia* x *ocos*)

Paradoxo

É uma espécie de antítese em que ideias contrárias não estão simplesmente justapostas como no exemplo anterior. São duas ideias que entram em contradição.

Soneto
"Amor é fogo que arde sem se ver" (Camões) (*arde* x *sem se ver*)
(CAMÕES, Luís de. *Luís Vaz de Camões*. Org. Nádia Battella Gotlib. São Paulo: Abril Educação, 1980, p. 31.)

Eufemismo

Consiste em suavizar alguma ideia desagradável com a intenção de não ofender alguém ou de ocultar algo que possa ser comprometedor.
* Sua nota na prova **não foi das melhores**. (foi péssima)
* Foi desta **para uma melhor**. (morreu)
* Apresentou **atitudes inadequadas** durante a entrevista. (comportou-se muito mal)

Alguns autores dão o nome de *litote* (Rocha Lima) ou *alteração semântica* (Evanildo Bechara) a casos dessa figura em que a afirmação é expressa pela negação.
* Não somos **tão jovens** assim. (somos velhos)

Hipérbole

Consiste no exagero de uma ideia com a finalidade de enfatizar algo.
* **Arrancou todos os cabelos** ao saber da notícia. (desesperou-se)
* Parece que fui **atropelado por um trem**. (sinto-me fisicamente mal)

Ironia

Consiste na utilização de termo com sentido oposto ao original, obtendo-se, assim, valor irônico.
* Foi delicada **como um vaca** em loja de porcelana. (foi grosseira)
* Ele é rápido **como uma lesma**. (lerdo)

Gradação

Consiste na apresentação de ideias em progressão ascendente (clímax) ou descendente (anticlímax). Há uma sequência gradativa na exposição das ideias. Clímax e anticlímax são os pontos de chegada das gradações.

- A criança **gemeu**, **resmungou**, **choramingou** e **gritou** desesperadamente. (gradação ascendente, com clímax)
- **Acabaram-se os trovões**, o vento **acalmou**, a chuva **diminuiu** e, finalmente, instalou-se uma **calmaria** no ar. (gradação descendente, com anticlímax)

Prosopopeia

Consiste na atribuição de qualidades e sentimentos humanos a seres irracionais e inanimados. É também chamada de personificação ou animismo.

- As palmeiras **choravam** durante a tormenta enquanto as ondas **gemiam**.

Apóstrofe

Consiste no chamamento, interpelação enfática a alguém (ou a algum ser personificado). Faz-se uso do vocativo. Leia estes versos, do Canto I, do poema "Navio negreiro", de Castro Alves.

"Navio negreiro"
Albatroz! Albatroz! águia do oceano,   Tu que dormes das nuvens entre as gazas,   Sacode as penas, Leviathan do espaço,   Albatroz! Albatroz! dá-me estas asas. [...]
(Alves, Castro. "Navio Negreiro". *Castro Alves*. Org. Marisa Lajolo e Samira Campedelli. São Paulo: Abril Educação, 2008, p. 59.)

Para finalizar, procure identificar algumas figuras de linguagem de **pensamento** (antítese, paradoxo, hipérbole, eufemismo etc.) e **de som** (assonância, aliteração, paranomásia etc.), nos seguintes versos da canção "Mina do condomínio", de Seu Jorge.

"Mina do condomínio"	
Tô namorando aquela mina Mas não sei se ela me namora Mina maneira do condomínio Lá do bairro onde eu moro (2x) Seu cabelo me alucina Sua boca me devora Sua voz me ilumina Seu olhar me apavora Me perdi no seu sorriso Nem preciso me encontrar Não me mostre o paraíso Que se eu for, não vou voltar Pois eu vou Eu vou	Eu digo "oi" ela nem nada Passa na minha calçada Dou bom dia ela nem liga Se ela chega eu paro tudo Se ela passa eu fico doido Se vem vindo eu faço figa Eu mando um beijo ela não pega Pisco olho ela se nega Faço pose ela não vê Jogo charme ela ignora Chego junto ela sai fora Eu escrevo ela não lê [...] (Seu Jorge; Moura, Gabriel. "Mina do condomínio". *América Brasil*. CD. EMI, 2007.)

Figuras de sintaxe

Estas figuras podem ser identificadas porque transgridem a ordem sintática direta da frase (sujeito + verbo + complemento/predicativo + adjuntos) para gerar efeitos linguísticos diferentes do sentido denotativo da linguagem.

Elipse

Consiste na omissão de um termo ou expressão facilmente subentendida.

a) Elipse de pronome sujeito (sujeito não explícito):

Dentro da noite

"**Tirei** da botoeira da casaca um alfinete, e nervoso, nervoso como se fosse amar pela primeira vez, **escolhi** o lugar, **passei** a mão, **sentia** a pele macia e **enterrei**-o." (Elipse do pronome pessoal "eu")

(Rio, João do. *Os cem melhores contos brasileiros do século*. Rio de Janeiro: Objetiva, 2000, p. 45.)

b) Elipse de substantivo:

Os torcedores seguiam eufóricos para o Palmeiras.

Em lugar de: Os torcedores seguiam eufóricos para **o estádio** do Palmeiras.

Zeugma

É a elipse (omissão) de um termo que já apareceu antes. Se for verbo, pode necessitar adaptações de número e pessoa verbais. É muito utilizada em orações comparativas.

O comentarista **disse** que não concordava com a penalidade. O juiz, por outro lado, que concordava.

Em lugar de: [...] O juiz, por outro lado, **disse** que concordava.

Quero **que** você me entenda, me ajude e me acompanhe.

Em lugar de: Quero **que** você me entenda, **que** me ajude e **que** me acompanhe.

Hipérbato

Consiste na alteração ou inversão da ordem direta dos termos na oração, ou das orações no período.

Venceu Barack Obama as eleições americanas de 2008!

Em lugar de: Barack Obama **venceu** as eleições americanas de 2008.

Antecipação

É também um tipo de inversão sintática. Tem a intenção de enfatizar determinado termo da oração.

Obama creio que ganhou com muitos votos à frente do adversário.

Em lugar de: Creio que **Obama** ganhou com muitos votos à frente do adversário.

Anástrofe

É também um tipo de inversão sintática, por anteposição de *expressão nominal* (precedida de preposição). Alguns autores consideram-na um tipo de hipérbato, com deslocamento só de expressões nominais e não verbais.

De verde estavam todos vestidos.

Em lugar de: Estavam todos vestidos **de verde**.

Anacoluto

Consiste na colocação de um termo solto na frase, quebrando sua estruturação lógica. De início, o emissor organiza sintaticamente sua oração, mas depois muda esta ordem.

Nós, parece-me que não vamos chegar a tempo para o início do espetáculo.

Anáfora

Consiste na repetição de uma mesma palavra no início de versos ou frases. Observe o uso da anáfora em "Águas de março", de Tom Jobim:

"Águas de março"
É pau, é pedra
É o fim do caminho
É um resto de toco
É um pouco sozinho
É um caco de vidro
É a vida, é o sol
É a noite, é a morte
É um laço, é o anzol
É peroba no campo
É o nó da madeira
(JOBIM, Tom. "Águas de março", *Ser mulher sempre*. CD. Philips/Poligram, s/d.)

Anadiplose

Consiste na repetição de palavra ou expressão de fim de frase ou verso no começo de outra frase ou verso.

* Adoro *viajar. Viajar* me faz bem à saúde.
* Não compre *feijão. Feijão* está muito caro.

Silepse

É a concordância com a ideia e não com a palavra escrita. Observe:

Silepse de gênero (masculino x feminino)	*São Paulo* é *lotada* até nos finais de semana. *São Paulo* (masculino) x *lotada* (feminino): concordância com "cidade".
Silepse de número (singular x plural)	*Os robôs do amanhecer* é de Isaac Asimov. *Os robôs* (plural) x é (singular): concordância com "o livro".
Silepse de pessoa (1ª, 2ª, 3ª)	*Os consumidores* brasileiros *somos* mal informados. *Os consumidores* (3ª pessoa) x *somos* (1ª pessoa): concordância com a inclusão do emissor no grupo de consumidores brasileiros.

Pleonasmo

Consiste na repetição de um termo já expresso, com objetivo de enfatizar a ideia, destacar algum fato ou chamar a atenção do receptor.

Subiu tão alto que a queda foi fatal. (A altura foi determinante para a queda.)

Assíndeto

Consiste na ausência de *síndetos* na oração, como forma de atribuir mais agilidade ao texto. Veja:

> *assíndeto = a* (não) + *síndeto* (elo, ligação, conectivo).
> Portanto: assindética, assíndeto (sem conjunções, sem conectivos).

Observe como Chico Buarque não utiliza conectivos nos três primeiros versos de "Cotidiano". Só o fará no último verso da estrofe.

"Cotidiano"
Todo dia ela faz tudo sempre igual
Me sacode às seis horas da manhã
Me sorri um sorriso pontual
E me beija com a boca de hortelã
(HOLLANDA, Chico Buarque de. "Cotidiano". *Chico Buarque perfil*. CD. Som Livre Globo EMI, s/d.)

Polissíndeto

É o inverso do assíndeto. É a repetição de conectivos entre os elementos do enunciado.

> *polissíndeto = poli* (muitos) + *síndeto* (elo, ligação, conectivo).
> Portanto, com conectivos.

Observe a repetição do conectivo "e" nos seguintes versos:

"O tempo do temporal"
O tempo do temporal. O templo ao tempo ao ar **e** ao pé do temporal. **E** o doente ao pé do templo; **E** o temporal no poente. **E** o pó no doente. [...]
(MEIRELLES, Cecilia. *Ou isto ou aquilo*. Rio de janeiro: Civilização Brasileira, 1977, p. 71.)

Figuras de palavras

As figuras de palavras ocorrem quando produzimos uma alteração semântica por meio de uma comparação entre dois elementos. Utilizamos um termo no sentido diferente do seu original. Por exemplo:

Ontem meu **dia** foi um **desastre**.

O fato de se caracterizar o dia de ontem como **desastre** não significa que tenha ocorrido algum acidente concreto naquele período. Criamos uma alteração semântica ao atribuirmos às palavras um sentido diferente do usual. No caso, estabelecemos uma comparação entre os dois elementos (*dia* e *desastre*) por meio de uma associação mental.

Desastre = conjunto de eventos desagradáveis, inesperados.
Ontem = dia anterior.
Se: **dia** = desastre. Então: **ontem** = dia caracterizado por eventos desagradáveis.

A seguir vamos analisar as principais figuras de palavras (também chamadas de *tropos*).

Metáfora

É o emprego de palavras fora do seu sentido comum, por analogia. É um tipo de comparação implícita, sem termo comparativo. Antes, observe os elementos das seguintes comparações:

a) Comparação explícita:

1º elemento	Verbo + elo comparativo	Característica comum	Elo comparativo	2º elemento	Verbo + característica comum
Ela	é tão	manhosa	como	uma gata	é manhosa.

b) Comparações implícitas: em que a qualidade comum é deduzida

1º elemento	Verbo + elo comparativo	2º elemento
Ela*	é como	uma gata.*

* A (ela) é como B (gata).

Quando há analogia entre dois termos expressos, mas sem o conectivo de comparação explícito (A é B), temos a *metáfora impura*.

1º elemento	Verbo	2º elemento
Ela	é	uma gata.

Agora, atente a este tipo especial de comparação implícita, em que o segundo elemento desaparece: trata-se de uma *metáfora pura*, em que deduzimos todos os termos não explícitos da comparação. (Só aparece o elemento B.) Transportamos o significado de um ser (gata) para outro ser (ela).

1º elemento	Verbo
Minha gata	chegou.

Veja as metáforas que Augusto dos Anjos criou:

"Versos íntimos"
Vês! Ninguém assistiu ao formidável Enterro de tua última quimera. Somente a Ingratidão – esta pantera – Foi tua companheira inseparável! [...]
(ANJOS, Augusto dos. "Versos íntimos". In: MORICONI, Ítalo (org.). *Os cem melhores poemas brasileiros do século.* Rio de Janeiro: Objetiva, 2001. p. 61.)

 **Obs.:** assista ao filme *O carteiro e o poeta* (*Il Postino*), que trata magistralmente da criação das metáforas na poesia, a partir da obra literária de Pablo Neruda, poeta chileno.

Metonímia

É a utilização de uma palavra com o significado de outra, levando-se em conta várias relações, como as seguintes:

- **Autor pela obra**: Adoro *Almodóvar.* (filmes do diretor espanhol Pedro Almodóvar)
- **Conteúdo pelo continente**: Bebi duas *cervejas.* (dois copos/duas latas de cerveja)
- **Parte pelo todo**: Os *sem-teto* invadiram um terreno não habitado. (as pessoas sem casa)
- **Matéria pela obra**: Soam *os metais.* (os instrumentos feitos de metal)
- **Indivíduo pela classe**: Foi tratado como *um Judas.* (traidor)

Catacrese

É o uso de uma palavra ou expressão, não apropriada ao que se refere. Toma-se por empréstimo um termo relativo a um objeto para designar outro, seja por esquecimento seja por falta de outro melhor.

- O *pé* da cadeira quebrou.
- Os *braços* das poltronas são de madeira.

Antonomásia (perífrase)

Consiste em substituir nomes de pessoas ou lugares por outros ou por expressões que imediatamente o identifiquem.

- O *rei do futebol* deu o pontapé inicial. (Pelé)
- A *Cidade Maravilhosa* receberá muitos visitantes no Carnaval. (Rio de Janeiro)
- Mário de Andrade retratou muito bem a *Pauliceia desvairada*. (São Paulo)
- Nasci na *Terra da Garoa*. (São Paulo)

Sinestesia

Consiste na mescla de vários sentidos para uma expressão sensorial mais completa. As imagens são construídas a partir da combinação de termos relativos aos órgãos do sentido (olfato, visão, audição, gustação e tato).

Veja novamente o trecho da composição de Seu Jorge, como exemplo de sinestesia:

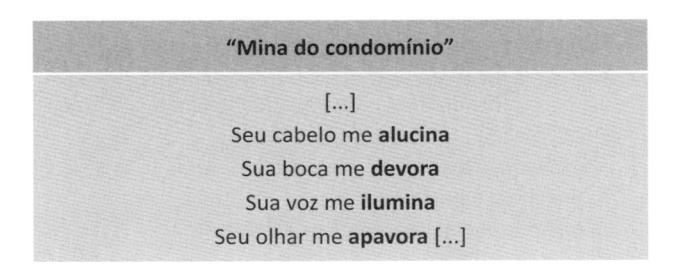

> **"Mina do condomínio"**
>
> [...]
> Seu cabelo me **alucina**
> Sua boca me **devora**
> Sua voz me **ilumina**
> Seu olhar me **apavora** [...]

Observe como José de Alencar faz uso de várias figuras de linguagem no início do capítulo II de *Iracema*. Verifique se há anadiplose, prosopopeia, metáfora, pleonasmo, entre outras figuras de estilo.

"Além, muito além daquela serra, que ainda azula o horizonte, nasceu Iracema.

Iracema, a virgem dos lábios de mel, que tinha os cabelos mais negros que a asa da graúna, e mais longos que seu talhe de palmeira."

(ALENCAR, José de. *Iracema*. São Paulo: Ática, 2005, p. 16.)

VÍCIOS DE LINGUAGEM

Alguns efeitos de linguagem não são considerados figuras, mas sim *vícios*, porque geram problemas na compreensão da mensagem. A seguir, exemplos de alguns vícios de linguagem que devem ser evitados.

Ambiguidade

Do latim *ambi*, quer dizer dois (ambidestro: pessoa que utiliza as duas mãos com destreza). Ambiguidade significa a criação de duplo sentido em uma frase, que pode ser gerado pela má organização sintática dos termos ou pela escolha inadequada das palavras em um enunciado.

Alguns exemplos:

O passageiro viu o acidente do trem.
Ele estava dentro do trem e viu um acidente? ou
Ele estava fora do trem e viu um acidente em que o trem estava envolvido?
João, Maria e José conversavam. De repente, João perguntou:
– Qual a sua opinião?
Opinião de quem: de José ou de Maria?

> **Só**, você conseguirá fazer o trabalho de Física. (só = sozinho, sem companhia)
> **Só** você conseguirá fazer o trabalho de Física. (só = apenas você, ninguém mais)
> Você conseguirá fazer **só** o trabalho de Física. (só = apenas o trabalho de Física e não de Química)
> **Nesses casos, é necessário usar a vírgula adequadamente.**

Cacofonia

É o encontro de sílabas, em geral do final de uma palavra com o início de outra, que formam nova palavra com sonoridade desarmoniosa ou de sentido pejorativo.

Cacófatos
Essa decoração é de **pôr co**m a mão.
Daremos um prêmio **por cada** contribuição.
Tirei a palavra da bo**ca dela**.
Sua filha é uma moça que se **disputa**.
Vou-**me já** deste recinto.
Na **vez passada**, rimos muito.

Luís Vaz de Camões também criou alguns cacófatos. Leia, em voz alta, alguns versos de seu famoso soneto:

Soneto
Al**ma mi**nha gentil que te partiste
Tão cedo desta vida descontente,
Repousa lá no Céu eternamente,
E viva eu cá na terra sempre triste.
(CAMÕES, Luís de. *Luís Vaz de Camões*. Org. Nádia Battella Gotlib. São Paulo: Abril Educação, 1980, p. 31.)

O cacófato, aqui, é utilizado como recurso poético para não quebrar a sequência da letra "i" nas sílabas tônicas das palavras e, assim, indiciar um brado lancinante a caracterizar a dor pela perda da amada.

Colisão

É a repetição de consoantes que deixa a pronúncia difícil ou incômoda. É comum nos trava-línguas.

Colisão

Três tigres tristes para três pratos de trigo.
Três pratos de trigo para três tigres tristes.

Eco

É a repetição de palavras terminadas pelo mesmo som.

Ria de eufor**ia** e alegr**ia** no seu **dia** a **dia**.

Pleonasmo vicioso

O pleonasmo é uma figura que consiste na repetição de um termo já expresso, com objetivo de enfatizar uma ideia (ver "Figuras de sintaxe"). Quando o uso do pleonasmo não tem expressão criativa, é chamado de **pleonasmo vicioso** porque é simples repetição desnecessária de ideias.

Exemplos:

- Subiu para cima.
- Encarou de frente.
- Enterrou na terra.
- Teve uma hemorragia sanguínea.
- Estabeleceu um elo de ligação.

POLISSEMIA

Para compreendermos os homônimos, parônimos, sinônimos e antônimos, é necessário conhecermos um pouco do conceito de polissemia.

Polissemia
(do grego) *polys* = muitos + *sema* = significação/sinal

Ocorre quando fazemos uso de um termo com vários sentidos.
Exemplos: **muda** de planta e **muda** do verbo mudar

A polissemia é a possibilidade de atribuirmos a uma palavra ou expressão novos significados, diferentes de seu original. É um dos recursos de enriquecimento da linguagem. Alguns processos de criação em nossa língua são polissêmicos, como os sinônimos e homônimos. Vamos ver alguns deles, ligados direta ou indiretamente ao conceito de polissemia.

São muito comuns os erros de grafia e pronúncia de palavras semelhantes na língua portuguesa. A seguir, alguns mais corriqueiros, a partir dos quais vamos esclarecer algumas dúvidas relativas ao assunto.

Homônimos e parônimos

Como se fala e se escreve?
- *cumprimento* ou *comprimento?*
- *descrição* ou *discrição?*
- *a fim* ou *afim?*
- *acento* ou *assento?*

Às vezes, ouvimos uma pessoa dizer "que tem muitos homônimos", ou seja, que há outras pessoas com *o nome igual* ao dela. Para entendermos melhor como isso ocorre, é necessário que conheçamos um pouco da formação das palavras.

Homônimos

Homônimos (ou palavras homônimas)
(do grego) *homos* = igual + *onyma* = nome

São vocábulos que se pronunciam ou se escrevem da mesma forma, mas têm sentidos diferentes. Ou seja, são palavras polissêmicas (com vários significados).
Exemplo: **manga** de camisa e a fruta **manga**.

Cecília Meireles faz uso de homônimos em sua poesia "Moda da menina trombuda". Utiliza a palavra "muda" com dois sentidos: adjetivo *sem voz* e verbo *mudar*.

"Moda da menina trombuda"

E a moda
da menina **muda**
da menina trombuda
que **muda** de modos
e dá medo. [...]

(MEIRELES, Cecília. *Ou isto ou aquilo*. Rio de Janeiro: Civilização Brasileira, 1977, p. 12.)

Entre os homônimos, há dois tipos especiais: os *homógrafos* (palavras homógrafas) e os *homófonos* (palavras homófonas). E, claro, *os homônimos perfeitos* (que são homógrafos e homófonos ao mesmo tempo). Veja:

Homônimos **homógrafos** (ou palavras homógrafas)
(do grego) *homos* = igual + *graphein* = escrita

São vocábulos que *se escrevem da mesma forma*, mas *a pronúncia é diferente*.
Exemplo: Vou **colher** as frutas. (recolher)
 A **colher** de chá está suja. (utensílio de mesa e cozinha)

No seguinte trava-línguas, podemos observar o uso ambíguo de *maria-mole* como palavra homógrafa. Ou seja, a mesma palavra utilizada como nome de um doce e, por associação de ideia, como atributo de uma pessoa preguiçosa. (Maria-Mole e maria-mole têm o mesmo som.)

Maria-Mole é molenga, se não é molenga,
Não é Maria-Mole. É coisa malemolente,
Nem mala, nem mola, nem *Maria*, nem *mole*.

Homônimos **homófonos** (ou palavras homófonas)
(do grego) *homos* = igual + *phone* = som

São vocábulos que têm a mesma pronúncia, mas a grafia e o sentido são diferentes.
Exemplo: **acerca de** um assunto (a respeito de)
há cerca de dois anos (há um certo tempo)

Observe como a letra de "Vamos fugir", interpretada por Gilberto Gil, torna-se interessante com o uso de um homônimo homófono bastante criativo: "regue" (verbo regar) e "reggae" (ritmo musical).

[...]
Vamos fugir
Pr'onde haja um tobogã
Onde a gente escorregue
Todo dia de manhã
Flores que a gente *regue*
Uma banda de maçã
Outra banda de *reggae* [...]

(GIL, Gilberto. "Vamos fugir". *Raça humana*. CD. Warner Music, 1984)

Homônimos perfeitos

São vocábulos que se pronunciam e se escrevem da mesma forma, mas têm sentidos diferentes.
Exemplos:
a) **cerca de** 100 metros (a uma certa distância de)
cerca de um quintal (o que está em torno de um terreno, de madeira, de plantas)
b) **cumprimento** ao mestre (saudação)
cumprimento das tarefas (realização)

Atente para o uso dos *homônimos perfeitos* nos versos da canção "Tira as mãos de mim", interpretada por Chico Buarque de Hollanda. A brincadeira linguística consiste no uso da palavra "**nós**" como substantivo (laço apertado) e como pronome (1ª pessoa do plural).

"Tira as mãos de mim"
[...]
Éramos **nós**
Estreitos **nós**
Enquanto tu
És laço frouxo [...]

Parônimos

Parônimos (ou palavras parônimas)
(do grego) *para* = ao lado de + *onyma* = nome

São vocábulos que têm grafia e pronúncia semelhantes/parecidas, mas significados diferentes.
Exemplo: **comprimento** da camisa (tamanho)
cumprimento ao professor (saudação)

Note como Gabriel, o Pensador, faz uso de um parônimo como forma de se referir a uma composição de Chico Buarque e Gil: "cale-se" (verbo no imperativo) e "cálice" (substantivo/taça).

"Cálice"	**"Abalando"**
[...]	
Pai, afasta de mim este **cálice**	**Cale-se**! Cuidado. Como é difícil acordar
Pai, afasta de mim este **cálice**	calado
De vinho tinto de sangue [...]	Eles não censuram só o artista
	Eles censuram o povão [...]
(GIL, Gilberto; HOLLANDA, Chico Buarque de. "Cálice". *Chico Buarque Perfil*. CD. Som Livre Globo EMI, s/d.)	(GABRIEL, o Pensador. "Abalando". *Gabriel, o Pensador*. CD. Sony Music. s/d.)

Alguns exemplos de homônimos e parônimos

Homônimos	**Parônimos**
• a cerca (o muro que circunda um terreno) • a cerca de dois metros (a uma certa distância)	• a princípio (no início, no começo) • em princípio (antes de tudo, antes de mais nada)
• acento (sinal gráfico) • assento (tampo de cadeira, banco)	• absolver (perdoar) • absorver (sorver)

- acender (pôr fogo)
- ascender (subir)

- acidente (ocorrência casual grave)
- incidente (episódio casual sem gravidade, sem importância)

- aço (metal)
- asso (verbo)

- acurado (feito com cuidado)
- apurado (refinado)

- afim (semelhante, análogo)
- a fim [de] (para, com o objetivo de)

- ao encontro de (para junto de, favorável)
- de encontro a (contra, em prejuízo de)

- apreçar (marcar o preço)
- apressar (acelerar)

- arrear (colocar arreios em)
- arriar (abaixar)

- à-toa (imprestável, ordinário)
- à toa (sem rumo)

- afear (tornar feio)
- afiar (amolar)

- banco (assento com encosto)
- banco (estabelecimento financeiro)

- aferir (conferir, comparar) preços
- auferir (colher, obter) resultados

- bucho (estômago de ruminantes)
- buxo (arbusto ornamental)

- amoral (indiferente à moral)
- imoral (contra a moral, devasso)

- caçar (abater a caça)
- cassar (anular)

- ao invés de (ao contrário de)
- em vez de (em lugar de)

- cela (aposento)
- sela (arreio)

- a par (ciente)
- ao par (sem ágio, de acordo com a convenção legal)

- censo (recentemente)
- senso (juízo, discernimento)

- área (dimensão, espaço)
- ária (peça musical para uma só voz)

- cerrar (fechar)
- serrar (cortar)

- bocal (abertura de vaso, candeeiro, frasco, castiçal)
- bucal (relativo à boca)

- cerração (nevoeiro espesso)
- serração (ato de serrar)

- cavaleiro (que anda a cavalo)
- cavalheiro (homem educado)

- cervo (veado)
- servo (servente, escravo)

- chalé (casa campestre de estilo suíço)
- xale (cobertura para os ombros)

- cessão (ato de ceder)
- sessão (reunião)
- secção/seção (divisão)

- colcha (cobertura em tecido para cama)
- coxa (parte da perna)

- cesta (utensílio para se guardar coisas)
- sesta (hora de descanso, após o almoço)
- sexta (numeral ordinal feminino de seis)

- comprimento (tamanho)
- cumprimento (saudação)

- cesto (cesta pequena)
- sexto (numeral ordinal)

- comprido (longo)
- cumprido (particípio passado do verbo cumprir)

- chá (bebida)
- xá (título de soberano da Pérsia/Irã)

- decente (decoroso, limpo)
- descente (que desce, vazante)
- discente (relativo a alunos)
- docente (relativo a professores)

- chácara (pequena propriedade campestre)
- xácara (narrativa popular)

- deferir (atender)
- diferir (adiar, retardar)

- cheque (ordem de pagamento)
- xeque (lance no jogo de xadrez)
- xeque (entre os árabes, chefe de tribo ou soberano)

- descrição (retrato, caracterização)
- discrição (recato, modéstia)

- cocho (vasilha feita de madeira escavada)
- coxo (pessoa que manca)

- delatar (denunciar, acusar)
- dilatar (adiar, ampliar)

- concelho (jurisdição administrativa, município)
- conselho (opinião, corpo coletivo superior, tribunal)

- descriminar (inocentar, isentar de crime)
- discriminar (diferenciar, separar)

- concerto (sessão musical)
- conserto (reparo, ato ou efeito de consertar)

- despercebido (não visto, não notado)
- desapercebido (desprevenido, desprovido)

- coser (costurar)
- cozer (cozinhar)

- emergir (sair de onde estava mergulhado)
- imergir (mergulhar)

- cumprimento (saudação)
- cumprimento (realização)

- enformar (colocar na forma)
- informar (dar informação)

- esperto (ativo, inteligente, vivo)
- experto (perito, entendido)

- eminente (elevado, célebre)
- iminente (imediato, próximo)

- expiar (sofrer, padecer)
- espiar (espionar, observar)

- emigrar (sair da pátria)
- imigrar (entrar em outro país para viver)

- estático (imóvel)
- extático (posto em êxtase, enlevado)

- estada (permanência em algum lugar)
- estadia (permanência do navio no porto)

---

* "estádio" e "estágio" podem ser sinônimos no sentido de "fase desenvolvimento" ou "momento/período específico" (É muito comum em textos médicos).

• estrato (tipo de nuvem) • extrato (trecho, fragmento, resumo)	• estádio (praça de esporte)* • estágio (aprendizado)
• incerto (indeterminado, impreciso) • inserto (introduzido, inserido)	• flagrante (evidente) • fragrante (aromático)
• incipiente (iniciante, principiante) • insipiente (ignorante)	• florescente (florido) • fluorescente (luminoso)
• laço (espécie de nó) • lasso (cansado, preguiçoso)	• inflação (aumento geral de preços) • infração (violação)
• nós (pronome pessoal) • nós (plural de nó/laço apertado)	• infligir (aplicar pena, castigo) • infringir (transgredir)
• tachar (censurar, atribuir defeito) • taxar (regular o preço, lançar imposto)	• mandado (ordem jurídica – mandado judicial) • mandato (delegação de poder – mandato político)
• tão-só (apenas, somente) • tão só (tão sozinho)	• peão (operário da construção civil) • pião (brinquedo)
	• plaga (região, país) • praga (maldição)
	• pleito (disputa eleitoral) • preito (homenagem)
	• ratificar (confirmar) • retificar (corrigir)
	• soar (fazer som/o sino soa) • suar (exalar suor)
	• sustar (suspender – um cheque) • suster (manter, sustentar – um peso)
	• tão pouco (pouca quantidade ou intensidade) • tampouco (também não, nem também)
	• vultoso (grande, volumoso) • vultuoso (inchado)

Erros diversos relacionados à pronúncia ou à escrita das palavras

Correto	Errado
aleijado	alejado
beneficente (beneficência)	beneficiente (beneficiência)
cabeleireiro (de cabeleira)	cabelereiro
caminhoneiro/caminhonete	camioneiro/camionete
caderneta	cardeneta
caranguejo	carangueijo
casas geminadas (de geminar, agrupa/gêmeos)	casas germinadas
círculo vicioso	ciclo vicioso
companhia (empresa e acompanhante)	compania
convalescença	convalescência
desleixo	deslexo
disenteria (*dis* = dificuldade/mau funcionamento)	desinteria
digladiar	degladiar
encapuzado (de capuz)	encapuçado
espontaneidade	espontaniedade
estupro	estrupo ou estrupro
lagartixa	largatixa
madeireira (de madeira)	madereira
manteigueira	mantegueira
menor/maior de idade	de menor/de maior
misto-quente (de misturar)	mixto quente
mortadela	mortandela
mozarela e muçarela	mozzarella
prazeroso (de prazer)	prazeiroso
privilégio	previlégio
reivindicar/reivindicação	reinvindicar/reinvindicação
xifópagos (indivíduos ligados um ao outro)	xipófagos

A ambiguidade

A publicidade e a literatura utilizam-se muito da homonímia ou polissemia para criar a ambiguidade da mensagem (palavras iguais que levam a possibilidades de interpretação pela aproximação dos diferentes sentidos). É preciso, no entanto, tomar cuidado com a criação da ambiguidade, visto que ela tanto pode ser uma figura de estilo eficaz, como pode se transformar em um vício de linguagem quando gera problemas de compreensão (ver "Vícios de linguagem").

Os jogos de adivinhas e os ditados populares também brincam com o duplo sentido das palavras. Exemplos:

Publicitários	Adivinhas/Ditados populares
"Deixe-se guiar pela emoção." [automóvel Hyundai]	– O que é? Na televisão cobre um país; no futebol, atrai a bola; em casa incentiva o lazer. Resposta: a rede.
"Plantamos muito verde. Para que a sua vida seja mais cor-de-rosa." [ExpoUrbe, Lisboa]	– Qual a semelhança que há entre a arrumação de uma casa e o samba? Resposta: em ambas mexemos com as cadeiras.
"Você vai devorar este livro num instante." [livro de receitas Boa mesa]	
"Deixe-se levar pelo coração. Dê Sangue." [Instituto Português do Sangue]	– Por que algumas pessoas colocam o despertador debaixo do travesseiro? Resposta: para acordar em cima da hora.
"Jogue o lixo no lixo." [propaganda institucional da prefeitura de São Paulo]	– O que o tomate foi fazer no banco? Resposta: tirar extrato.
"Há mais do que uma vida na vida de uma mulher." [Perfume Quartz, da Molineux]	– O que o cavalo foi fazer no orelhão? Resposta: passar um trote.
"Tudo o que se passa passa na TSF." [rede de TV]	– Por que o computador foi preso? Resposta: porque ele executou um programa.
"Uma série fora de série." [Caterpillar tratores]	– Qual o sobrenome que todo mundo tem? Resposta: Costa.
"Motive os seus colaboradores. Mande-os passear." [TAP (Transportes Aéreos Portugueses)]	– Qual a maior boca do mundo? Resposta: a boca da noite.
"Passe o fim de semana com duas de 24." [Filmes Kodak]	– Qual é o doce que é mais doce que o doce de batata doce?
"Não há como o apoio de um grande amigo do peito." [Soutiens Triumph]	Embaixo da pia tem um pinto que pia; quanto mais a pia pinga mais o pinto pia!

"Sobre cor sabemos de cor... e salteado." [Jumbo – Coleção Primavera-Verão] "Bombom é Baci... na boca. (baci = beijos em italiano) [Bombons Baci] "Vá para fora cá dentro." [Instituto de Turismo de Portugal] "Nosso produto é uma boa impressão." [gráfica]	A sábia não sabia que o sábio sabia que o sabiá sabia que o sábio não sabia que o sabiá não sabia que a sábia não sabia que o sabiá sabia assobiar. A aranha arranha a rã. A rã arranha a aranha. Nem a aranha arranha a rã. Nem a rã arranha a aranha.

A seguir, citamos um exemplo literário de Francisco Maciel Silveira – de seu livro *Uma história intertextual da Literatura Portuguesa* –, quando se refere à atividade de pregar do Padre Antônio Vieira, fazendo a aproximação das palavras "passo" (andar) e "paço" (palácio).

"Ventríloquo de Deus
Semeador de muitos *passos* além do *Paço.*"

(SILVEIRA, Francisco Maciel. *Palimpsestos*: uma história intertextual da literatura portuguesa. São Paulo: Paulistana, 2008, p. 20.)

Sinônimos e antônimos

Sinônimos

Sinônimos (ou palavras sinônimas)
Inicialmente do grego *synonymos* e depois do latim *synonymus*
syno = de mesmo significado + *onyma* = nome

São vocábulos que têm grafia diferente com significado igual ou parecido.
Exemplos: alfabeto, abecedário
avaro, avarento, mesquinho
caule, tronco
trocar, substituir
virar, voltar, volver
menina, garota, moça

Conhecer e utilizar sinônimos é importante para o enriquecimento de um texto. É preciso tomar cuidado para não usar sinônimos simplesmente como um recurso de substituição automática. As palavras devem ser escolhidas de acordo com o contexto em que serão inseridas. Um texto mais formal exige um vocábulo mais erudito. Um texto mais informal, um vocábulo mais popular.

Ao observarmos o uso das palavras sinônimas *leito* e *cama* nos seguintes exemplos, verificamos que não é possível substituir uma pela outra sem prejuízo do estilo dos textos.

Em seu *leito* de morte, o patriarca mal distinguia os rostos de seus familiares.
Ganharam como presente de casamento uma *cama* de jacarandá.

O uso de vários sinônimos em sequência pode também gerar o efeito de gradação, como nos seguintes versos:

"Menina moça"
Você está *linda, bela* e *formosa*
está *maravilhosa* [...]
(Sulino, Gaúcho. Disponível em: < http://www.ipermusicas.com/gaucho_sulino/menina_mocaNDk5OTQ2/>. Acesso em 21 ago. 2009.)

Antônimos

Antônimos (ou palavras antônimas)
(do grego) *anti* = contra, por + *onyma* = nome

São vocábulos que têm significados opostos.
Exemplos: feio ≠ bonito
sair ≠ chegar
grande ≠ pequeno

O antônimo opõe-se ao sinônimo. Pode ter valor estilístico na construção de determinadas figuras de linguagem, como a antítese e o paradoxo (ver "Figuras de pensamento"). Exemplos:

 Estou com a cabeça **cheia** de pensamentos **vazios**.
Sinto uma **felicidade** transbordante de **tristeza**.

"Província"
Que é feito da tua praça Onde a morena sorria com tanta **noite** nos olhos e, na boca, tanto **dia**? [...]
(MEIRELES, Cecília. *Viagem e vaga música*. Rio de Janeiro: Nova Fronteira, 2006, pp. 64-5.)

3

RELAÇÕES TEXTUAIS

CONCORDÂNCIA

As perguntas são inúmeras quando nos referimos à *concordância* de termos em uma frase. A seguir, transcrevemos as mais comuns e, a partir delas, vamos esclarecer as dúvidas relativas ao assunto.

Algumas questões

1. O que é concordar?
   Concordar é combinar termos dentro de uma frase de modo que o conjunto faça sentido, de *acordo* com algumas regras que regem nossa língua. O objetivo é produzir um resultado harmonioso em que a mensagem transmitida esteja clara e coerente.

2. O que é concordar em gênero?
   Concordar em gênero é combinar termos de uma frase levando em conta os gêneros masculino e feminino. Exemplos:
   - **A peça** apresenta**da** era realmente maravilhos**a**. (gênero feminino)
   - **O filme** apresenta**do** era realmente maravilhos**o**. (gênero masculino)

3. E em número?
   Concordar em número é combinar termos de uma frase levando em conta o plural e o singular. Exemplos:
   - **Eles saíram** cabisbaix**os** do cinema.
   - **Ele saiu** entediad**o** do cinema.

4. O que é concordância nominal?

Concordância nominal é combinar *nomes* em uma frase. Nomes são substantivos e adjetivos que devem concordar entre si e com seus determinantes: artigos, pronomes, numerais. Exemplos:

- **Moças e rapazes** aprovad**os** no concurso estão apt**os** a frequentar o novo curso.
- **Duas** mil **peças** custam **dois** mil **reais**.
- **Algumas atrizes famosas** devem chegar amanhã.
- **As moças aprovadas** devem chegar amanhã.
- **Este rapaz e aquela moça** foram **reprovados** no exame.

5. E verbal?

Concordância verbal é fazer adequadamente a combinação dos verbos com os termos a que se referem. Exemplos:

- "**A gente se completa**, a gente faz a festa." (Exaltasamba) (correto)
- "**A gente não sabemos** escolher presidente." (Ultraje a Rigor) (errado)
- "**A gente não sabe** escolher presidente." (correto)
- "**Nós não sabemos** escolher presidente." (correto)

Concordância nominal

Leia a canção "Esses moços", de Lupicínio Rodrigues, e verifique como se dá a concordância entre os termos.

Nomes	Classes gramaticais	Concordância
Esses moços, pobres moços Oh! Se soubessem o que sei Não amavam, não passavam Aquilo que já passei	pronome e substantivo	masculino/plural
Por **meus olhos**, por **meus sonhos** Por meu sangue, tudo enfim É que eu peço A esses moços que acreditem em mim Se eles julgam que há um	pronome e substantivo	masculino/plural
lindo futuro Só o amor nesta vida	adjetivo e substantivo	masculino/singular

conduz Saibam que deixam o **céu** por ser **escuro** E vão ao inferno à procura de luz	substantivo e adjetivo	masculino/singular
Eu também tive nos **meus** **belos dias** Essa mania e muito me custou	pronome, adjetivo e substantivo	masculino/plural
Pois só **as mágoas** que eu trago no peito E estas rugas que o amor me deixou	artigo e substantivo	feminino/plural

(RODRIGUES, Lupicínio. "Esses moços". *Doces bárbaros. Grandes Sucessos de Caetano Veloso, Gal Costa, Gilberto Gil, Maria Bethânia*. CD. Universal Music/Pão Music, s/d.)

Vamos corrigir e ver outros exemplos?

- (errado)
Passei na padaria, comi dois **pãozinho**. Comprei **duzentas** gramas de presunto. Depois fui à feira e comprei dois **pastel** para as **menina** que ficaram em casa. Esqueci de dizer que tomei um **chops** no bar do Zé.

- (certo)
Passei na padaria, comi dois **pãezinhos**. Comprei **duzentos** gramas de presunto. Depois fui à feira e comprei dois **pastéis** para as **meninas** que ficaram em casa. Esqueci de dizer que tomei um **chope** no bar do Zé.

- Duzentos gramas (peso de mercadoria, por exemplo).
- Duzentas gramas (quantidade de raminhos que cobrem um terreno).

Agora vamos refletir: qual é a forma correta?

1. **a)** Sentia-me meio sozinha.
   Ou:
   b) Sentia-me meia sozinha.

Resposta correta (a): *meio* quer dizer *um pouco* e *meia* quer dizer *metade*. Uma pessoa não fica *metade* sozinha.

2. a) O Estados Unidos é poderoso.
Ou:
b) Os Estados Unidos são poderosos.
Ou ainda:
c) Os Estados Unidos são poderosos.

Resposta correta (b) e (c).
Quando os nomes de lugares com forma de plural (Estados Unidos) não são precedidos de determinante, são tratados como singular e, consequentemente, o verbo também vai para o singular. Quando os nomes de lugares com forma de plural (Estados Unidos) são precedidos de determinante, também no plural *"os"* o verbo concorda com o determinante *"são"*.
A concordância *O Estados Unidos é...* está, portanto, incorreta.

3. a) As senhoras e os senhores foram muito atenciosos.
Ou:
b) O senhor e a senhora foram muito atenciosos.
Ou ainda:
c) Os senhores e as senhoras foram muito atenciosas.

Respostas corretas (a) e (b): quando o sujeito é composto (senhoras e senhores, senhor e senhora) e um dos elementos é masculino, o verbo e os outros elementos que o seguem devem vir no plural e concordar com o masculino.

4. a) Muito obrigado.
Ou:
b) Muito obrigada.
Ou:
c) Muito obrigadas.
Ou ainda:
d) Muito obrigados.

Respostas corretas: todas. Quando usamos estas expressões queremos dizer que nos "sentimos obrigados" a retribuir algo a alguém.

Então:

- Quando o emissor é um só homem, ele deve dizer "Muito *obrigado*".
- Quando o emissor é uma mulher, ela deve dizer "Muito *obrigada*".
- Quando os emissores são duas ou mais mulheres, devem dizer "Muito *obrigadas*".
- Quando os emissores são vários homens ou um homem mais uma mulher, eles devem dizer "Muito *obrigados*".

5. **a)** Moço, quero dois leites.
   Ou:
   b) Moço, quero duas garrafas de leite.

   Resposta correta (b): leite é geral, incontável. É preciso uma medida para contá-lo (garrafas, litros, xícaras, copos). O mesmo ocorre com café. Eu não bebo um café, mas uma xícara de café. Não compramos dois cafés. Compramos dois pacotes ou dois quilos de café.

6. **a)** Fiquei com uma dó da pobrezinha!
   Ou:
   b) Fiquei com um dó da pobrezinha!

   Resposta correta (b): o substantivo *dó* é masculino; portanto, é *um dó* e não *uma dó*.

7. **a)** Havia um cardume de carpas maravilhoso naquele restaurante oriental.
   Ou:
   b) Havia um cardume de carpas maravilhosas naquele restaurante oriental.
   Ou ainda:
   c) Havia carpas maravilhosas naquele restaurante.

   Respostas corretas: todas as três frases têm concordância correta.
   - O cardume é maravilhoso.
   - As carpas são maravilhosas.
   - O cardume de carpas é maravilhoso.

A partir da análise dos casos mais comuns, podemos deduzir que *adjetivos, pronomes, artigos, numerais e particípios concordam com o substantivo a que se referem.*

- Aquel**as duas meninas são** bonit**as**.
  pronome + numeral + substantivo + verbo + adjetivo
  (Todos no plural feminino.)
- **Uns** arquiv**os** temporári**os**.
- **O café** adoçad**o**.
- **Uma xícara** de café quebrad**a**.
- Quatro fur**os**.

Por que não *quatras* panelas, se dizemos *uma* panela, *duas* panelas? Porque "um" e "dois" são numerais cardinais variáveis, ou seja, concordam com o nome que modificam; do três em diante os numerais são invariáveis.

Observe esta canção popular infantil:

Um indiozinh**o**,	numeral + substantivo (sing., masc.)
Um, dois, três indiozinh**os**	numerais + substantivo (plural, masc.)
Quatro, cinco, seis indiozinh**os**	numerais + substantivo (plural, masc.)
Sete, oito, nove indiozinh**os**	numerais + substantivo (plural, masc.)
Dez **num** pequen**o bote**	artigo + adjetivo + substantivo (sing., masc.)
Iam navegando pelo rio abaixo	verbo no plural (referente aos indiozinhos)
Quando **um jacaré** se **aproximou**	artigo + substantivo (sing., masc.) + verbo no singular
E **o pequeno bote** dos indiozinhos	artigo + adjetivo + substantivo (sing., masc.)
Quase, quase **virou**	verbo no singular (referente ao bote)

Dúvidas mais comuns

1. *É bom/É necessário/É proibido/É preciso*
   Concordam obrigatoriamente com o substantivo a que se referem, quando o termo estiver bem determinado. Faça a verificação com a inversão dos termos. Assim:
   - **É boa essa sua intervenção**. *(Essa sua intervenção é boa.)*
   - **É necessária sua assinatura neste velho documento**. *(Sua assinatura é necessária...)*
   - **É proibida a entrada**. *(A entrada é proibida.)*

Se falamos no geral, sem determinar bem o caso, a expressão é invariável. Compare:

- **Limonada é bom** para saúde. (limonada em geral, não uma específica)
- *Esta* **limonada é boa**. (*esta* limonada, específica)

- **Água é necessário** para a saúde. (água em geral, não uma específica)
- *A* **água** potável é **necessária** para a saúde. (*a* água, específica)

- **É proibido permanência** de animais no local. (permanência em geral)
- **É proibida** *a* **permanência** de animais no local. (*a* permanência, específica)

- **Chuva é necessário** para a terra. (chuva em geral)
- *A* **chuva** de ontem **foi necessária** à plantação. (*a* chuva, específica)

- **É proibido refrigerantes** para obesos. (refrigerantes está indeterminado)
- **São proibidos** *os* refrigerantes para diabéticos. (refrigerantes vem determinado pelo artigo)

- **É proibido entrada**. (entrada em geral)
- **É proibida** *a* entrada. (*a* entrada, específica)

Atente para a concordância correta entre dos termos em destaque:

"Paixão proibida"	"Brave new world"
Eu tenho uma paixão que é escondida Pois não é que **essa paixão é proibida** Eu fico louca quando não posso te ver Já não posso mais ficar longe de você [...]	[...] E se eu disser que há tantos furos na história Que a **verdade é proibida** de se apresentar na escola [...]
(Forró Maior. "Paixão Proibida". Disponível em: <http://www.vagalume.com.br/forro-maior/paixao-proibida.html>.)	(Urbanóides. "Brave new world". Disponível em: <http://www.vagalume.com.br/urbanoides/brave-new-world.html>.)

2. *Só/sós* (sozinho ou apenas?)
   - Estamos *sós* neste momento. (Estamos *sozinhos* neste momento.)
   - Estou *só* neste momento. (Estou *sozinho* neste momento.)
   - Estamos *só* querendo participar. (Estamos *apenas* querendo participar.)
   - Estou *só* querendo participar. (Estou *apenas* querendo participar.)

3. *Anexo, incluso, próprio, obrigado, quite, mesmo*
   - Envio *anexa* a foto referida.
   - Colocarei *inclusas* as referências.
   - A *própria* pessoa me disse.
   - (Nós) Estamos *quites*.
   - Elas *mesmas* negaram o fato. (elas próprias: variável)
   - Elas encaminharam **mesmo** a petição. (elas encaminharam "de fato": invariável)

4. *Muito/muitos, bastante/bastantes*
   - Usamos *bastante* os computadores. = Usamos *muito* os computadores.
     Como são **advérbios** de intensidade, não variam.

   - Comprei *bastantes* computadores. = Comprei *muitos* computadores.
     Como são **adjetivos**, são variáveis: concordam com o substantivo (computadores).

5. *Caro, barato*
   - Cerveja é *barata*. (**adjetivo** que concorda com o substantivo *cerveja*)
   - Cerveja custa *caro*. (**advérbio**, invariável, refere-se ao verbo *custar*)

6. *Óculos/calças/olhos/cabelos* (sempre no plural)
   - Tenho **uns** *óculos* **escuros**. (correto)
   - Tenho um *óculos* escuro. (errado)

   - **Minhas** *calças* **estão sujas**. (correto)
   - Minha calça está suja. (errado)

   - **Meus** *olhos* **são azuis** e **meus** *cabelos* **são castanhos**. (correto)
   - Meu olho é azul e meu cabelo é castanho. (errado)

Curiosidade!

Observem estes **trava-línguas** em que a concordância pode ser o obstáculo da brincadeira. Eles devem ser falados rapidamente, sem pausas.

- Pedro tem *o peito preto. O peito* de Pedro é *preto.* Quem disser que *o peito* de Pedro é *preto,* tem *o peito* mais *preto* que *o peito* de Pedro.
- A vaca *malhada* foi *molhada* por outra vaca *molhada* e *malhada.*
- *Três pratos* de trigo para *três tigres tristes.*
- Luzia lustrava *o lustre listrado, o lustre listrado* luzia.
- Fala, *arara loura. A arara loura* falará.
- A vida *é uma sucessiva sucessão* de sucessões que se sucedem sucessivamente, sem suceder o sucesso.

Passos para fazer concordância nominal correta

- 1º passo: observar quais termos dentro da frase estão relacionados.
- 2º passo: lembrar que a concordância entre termos deve levar em conta o **gênero** (masculino e feminino) e o **número** das palavras (singular e plural).
- 3º passo: lembrar que há palavras **invariáveis** quanto ao gênero e quanto ao número.
- 4º passo: verificar se o resultado de seu texto está harmonioso e se expressa claramente a ideia que você pretendeu transmitir.

Concordância verbal

Vimos anteriormente que *concordar é combinar* termos dentro de uma frase de modo que o conjunto faça sentido de acordo com algumas regras vigentes. O objetivo é sempre produzir um resultado harmonioso em que a mensagem transmitida esteja clara e coerente.

Agora vamos tratar da *concordância verbal*:

Concordância verbal

É fazer adequadamente a combinação dos verbos com os termos a que se referem.

Exemplos:

- *"Nós vamos* invadir sua praia." (Ultraje a Rigor) (correto)
- *"A gente vai* levando essa chama." (Chico Buarque) (correto)
- *"A gente somos* inútil." (Ultraje a Rigor) (errado)

Regra geral

O verbo concorda com o sujeito em número e pessoa.
Exemplos:
- O jogador **chegou** atrasado.
- Os jogadores **chegaram** atrasados.
- Eu **cheguei** atrasado(a).
- Eu e Pedro (nós) **chegamos** atrasados.
- A gente **chegou** atrasado. (coloquial)
- Pedro e Paulo **chegaram** atrasados.

Observe a diferença, nos versos a seguir, na concordância do verbo *querer* com o sujeito:

"Comida"	"Nós vamos invadir sua praia"
A gente não quer só comida **A gente** quer comida, diversão e arte **A gente não quer** só comida **A gente quer** saída para qualquer parte [...] (TITÃS. "Comida". *Titãs & Paralamas juntos ao vivo*. CD. SempreLivre Mix, s/d.)	Do alto da cidade até a beira do cais Mais do que um bom bronzeado **Nós queremos** estar do seu lado (ULTRAJE A RIGOR. "Nós vamos invadir sua praia". *Nós vamos invadir sua praia*. CD. Warner Music, 1985.)

Casos especiais

1. Duas formas são aceitas: quando o sujeito coletivo vem especificado.
   - A **maioria** ficou tranquila.
   - A **maioria das pessoas ficou** tranquila.
     Ou: A maioria das pessoas **ficaram** tranquilas.

   - A **maior parte** votou nulo.
   - A **maior parte deles votou** nulo.
     Ou: A maior parte deles **votaram** nulo.

   - A **multidão** saiu correndo.
   - A **multidão** de alunos **saiu** correndo.
     Ou: A multidão de alunos **saíram** correndo.

2. Quando o sujeito é formado de nomes que só existem no plural.

   a) Sujeito não precedido de artigo: o verbo no singular.

- Estados Unidos **é** o país que mais polui o meio ambiente.
- Bahamas **é** um lugar muito visitado por turistas.

   b) Sujeito precedido de artigo: verbo concorda com o artigo.

- **Os** Estados Unidos **são** o país que mais polui o meio ambiente.
- **Os** Lusíadas **são** uma obra clássica.
  (em geral, o verbo *ser* é usado no plural, mas pode ocorrer como predicativo no singular.)

3. Partícula *se* (partícula apassivadora).

   a) verbo transitivo direto + *se*: concordância com o sujeito passivo:

- **Vende-se** refrigerante gelado./Refrigerante gelado **é vendido**.
- **Vendem-se** refrigerantes gelados./Refrigerantes gelados **são vendidos**.

- **Aluga-se flat** bem localizado./Flat bem localizado é alugado.
- **Alugam-se flats** bem localizados./Flats bem localizados **são alugados**.

   b) verbo transitivo indireto + *se* (índice de indeterminação do sujeito): o verbo fica *sempre* no singular.

- **Precisa-se** de ajudante.
- **Precisa-se** de ajudantes.
  (Não é possível dizer "ajudante é precisado" ou "ajudantes são precisados".)

- **Confia-se** em jovem bem formado.
- **Confia-se** em jovens bem formados.
  (Não é possível dizer "jovem é confiado" ou "jovens são confiados".)

4. Verbos impessoais (aqueles que não têm sujeito) só têm a 3ª pessoa do singular.

- **Há um** aluno na classe./**Há muitos** alunos na classe.
- **Houve uma** grande comemoração./**Houve várias** comemorações.

- **Haverá** grande **comemoração.**/**Haverá várias** comemorações.
- **Faz um** mês que não o vejo./**Faz cinco** anos que não o vejo.
- **Fez um** ano que tudo aconteceu./**Fez dez** anos que tudo aconteceu.

a) Em "Roda-viva", Chico Buarque de Hollanda utiliza os verbos *ter* e *fazer* com sentido impessoal. Note que os verbos estão na terceira pessoal do singular.

"Roda-viva"
Tem dias que a gente se sente Como quem partiu ou morreu A gente estancou de repente Ou foi o mundo então que cresceu [...] **Faz tempo** que a gente cultiva A mais linda roseira que há Mas eis que chega a roda viva E carrega a roseira prá lá [...]
(HOLLANDA, Chico Buarque de. "Roda-viva". *Chico Buarque de Hollanda*. v. 3. CD. Som Livre, 2006.)

b) Nos seguintes versos da banda gaúcha Ideal Stereo, o uso do verbo fazer (no singular) indica tempo transcorrido.

"Dez dias"
Há tempos que eu não sentia mais A liberdade Me sentia como se os anos não passassem Voltassem para trás Aonde não caberiam mais **Dez dias** **Faz** que eu acordei pra vida **Dez dias** ou mais tempo **Faz** que eu acordei [...]
(IDEAL STEREO. "Dez dias". Disponível em: <http://idealstereo.letrasde-musicas.com.br/>. Acesso em 23 set. 2009.)

Atenção:
- A menina fez 5 anos. As gêmeas fizeram 5 anos.

Neste caso o verbo fazer não é impessoal, ele tem sujeito (menina/meninas).

5. Hora: faz-se a concordância com o determinante numérico.
- É uma hora./**São** três horas.
- É meio dia e meia./**São** doze horas e trinta minutos.

Leia o poema e observe a concordância verbal feita pelo autor:

O ponteiro dos segundos para sempre nas duas horas
O ponteiro dos segundos para sempre **nas duas horas**, que horas serão agora no vazio do pensamento? Enquanto se tropeça em salientes motivações Não **se observam os fenômenos** do turbilhão vigente. [...]
(RITA, Nuno. Disponível em: <http://poesianunorita.blogs.sapo. pt/19697.html>. Acesso em 25 out. 2009.)

6. *Há* (para indicar tempo transcorrido) e *A* (para tempo futuro).

Tempo passado (há)	Tempo futuro (a)
– Salve! – Como é que vai? – Amigo, **há quanto tempo!** – Um ano ou mais... [...]	[...] Saudade, principalmente Da irresponsabilidade Saudade, meus amigos **Daqui a pouco** vou estar com vocês.
(HOLLANDA, Chico Buarque de. "Amigo é pra essas coisas". *20 músicas do século XX.* – Quarteto em Cy & MPB-4. CD. Millennium, s/d.)	(CAZUZA. "Saudade". Em: ECHEVERRIA, Regina; ARAUJO, Lucinha. *Cazuza, preciso dizer que te amo.* Rio de Janeiro: Globo, 2001.)

> **"Há Tempos"**
>
> Há tempos tive um sonho
> Não me lembro, não me lembro...
> [...]
> E há tempos
> O encanto está ausente
> E há ferrugem nos sorrisos
> Só o acaso estende os braços
> A quem procura
> Abrigo e proteção...
>
> (VILLA-LOBOS, Dado; RUSSO, Renato; BONFÁ, Marcelo. "Há tempos".
> *Acústico MTV*. CD. EMI Music, 1999.)

- **Há** muito tempo **atrás**... (incorreto)
  É considerado pleonasmo, visto que ambos *há* e *atrás* indicam tempo passado. Utiliza-se um ou outro: **Há muito tempo** passei por aqui. Ou: **Muito tempo atrás** passei por aqui.

7. Datas: aceitam-se as duas formas.
   a) Hoje é (subentende-se dia) 21 de março./**São** 21 de março.
   b) Termos da certidão de óbito fornecida pela Paróquia de Sant Ana de Piraí:
   "**Aos quinze de abril de mil novecentos e vinte e cinco**, nesta Matriz de Sant Ana do Piraí, foi encomendado o corpo de Carolina Bacca, com **setenta e quatro anos de idade**, viúva, filha legítima de Pascoal Bacca e de Francisca Brandi. Faleceu ontem de morte natural e foi sepultada no Cemitério desta irmandade do Santíssimo Sacramento. (dezesseis gerações da família)" – Usina de Letras. Documentos oficiais.

Casos específicos

1. Verbos impessoais.
   Os verbos impessoais vão para a 3ª pessoa do singular, pois não possuem sujeito.
   - **Há dez anos** venho a este restaurante.
   - **Chove** demais nesta cidade.
   - **Faz** três meses que sumiu.

2. Verbos *dar*, *bater* e *soar*.

Quando indicam horas, tempo transcorrido, o sujeito deve concordar com eles.

O **despertador deu** sete horas.	o despertador deu
Deram oito horas no relógio da escola.	oito horas deram
Deu uma hora no relógio do estádio.	uma hora deu
O **sino da estação bateu** dez badaladas.	o sino bateu
Bateram dez badaladas no sino da estação.	dez badaladas bateram
Soaram dez badaladas no sino da estação.	dez badaladas soaram

Veja a concordância com os verbos chover e bater em trecho de "Meu caro amigo", de Chico Buarque.

"Meu caro amigo"
[...]
Aqui na terra 'tão jogando futebol
Tem muito samba, muito choro e rock'n'roll
Uns dias **chove**, noutros dias **bate sol**
Mas o que eu quero é lhe dizer que a coisa aqui tá preta [...]
(HOLLANDA, Chico Buarque de; HIME, Francis. "Meu caro amigo". *Meus caros amigos*. CD. Philips, s/d.)

3. Verbos *ser* e *parecer*.

• **Pronomes indefinidos – tudo, nada, isto, isso, aquilo**: verbo *ser* concorda com o predicativo.	Tudo são/parecem boatos. Nada é/parece verdadeiro. Aquilo são/parecem fofocas.
• **Pronomes interrogativos – que, quem**: verbo *ser* concorda com o predicativo.	Que são clichês? Quem foram os candidatos?
• **Horas, datas, distância, tempo:** verbo *ser* concorda com a indicação numérica.	É uma hora da tarde. São treze horas em ponto.
• **É pouco/É bastante/É muito**: verbo *ser* no singular quando indicar medida, quantidade, distância.	Trinta tijolos é/parece pouco para a obra. Duas apostilas é bastante para o curso. Quarenta reais é muito para este produto!

Observe a concordância verbal nos versos a seguir:

"Panamericana"
Quem são os ditadores Do Partido Colorado? **O que é** a democracia ao sul Do Equador? **Quem são** os militares ao sul Da Cordilheira? **Quem são** os salvadores do povo De El Salvador? Em Parador **Quem são** os assassinos dos Índios brasileiros? **Quem são** os estrangeiros **Que financiam** o terror? Em Parador [...]
(LOBÃO. "Panamericana". *Sob o sol de parador.* CD. BMG Ariola, 1989.)

Verbo *parecer*: concordância antes de infinitivos	
O verbo *parecer* se flexiona e o infinitivo não varia.	Os muros da escola **pareciam desmoronar.**
O verbo *parecer* não varia e o infinitivo é flexionado.	Os habitantes **parecia discordarem** do novo prefeito.

A seguir, exemplo de concordância do verbo *parecer* nos seguintes versos:

"Agonia de um filósofo"
[...] Assisto agora à morte de um inseto!... Ah! todos os fenômenos do solo **Parecem realizar** de polo a polo O ideal do Anaximandro de Mileto! [...]
(ANJOS, Augusto dos. *Eu e outras poesias.* São Paulo: Martin Claret, 2001.)

4. Verbos no infinitivo pessoal.

Observe a concordância verbal com os verbos no infinitivo nos versos a seguir:

"O amor não sabe esperar"
Sopra leve o vento leste E encrespa o mar Eu ainda **te espero chegar** Vem a noite Cai seu manto escuro devagar Eu ainda **te espero chegar** Não telefone, não mande carta Não **mande** alguém me **avisar** Não vá pra longe, não me desaponte O amor não **sabe esperar** [...]
(VIANNA, Herbert. "O amor não sabe esperar". *Hey na na*. CD. EMI, 1998.)

Infinitivo pessoal e sujeito expresso na oração	
a) **Infinitivo não é flexionado** se o sujeito for representado por pronome pessoal oblíquo átono.	Esperei-os **calar**.
b) **Infinitivo é flexionado ou não** se o sujeito não for representado por pronome átono e se o verbo da oração determinada pelo infinitivo for *causativo* (mandar, deixar, fazer) ou *sensitivo* (ver, ouvir, sentir e sinônimos).	Mandei-os **suspender** os trabalhos. *Ou:* Mandei-os **suspenderem** os trabalhos. O verbo causativo ou factível gera (causa) uma outra ação. (Eu mandei e minha ordem fez com que os trabalhos fossem suspensos.) Vi-os **sair** apressados. *Ou:* vi-os **saírem** apressados. (Verbos sensitivos relacionam-se aos sentidos.)
c) **Infinitivo é flexionado obrigatoriamente** se o sujeito não for pronome átono e se o verbo da oração determinado pelo infinitivo não for nem causativo nem sensitivo.	Esperei **calarem** *todos*.

Infinitivo pessoal e sujeito não expresso na oração	
a) **Infinitivo não é flexionado** se for precedido de preposição com valor de gerúndio.	Passamos dias **a esperar** notícias. (esperando)
b) **Infinitivo é flexionado ou não** quando seu sujeito for idêntico ao da oração principal.	Antes de (tu) **questionar**, (tu) lerás o relatório. *Ou*: Antes de (tu) **questionares**, (tu) lerás o relatório.
c) **Infinitivo é flexionado ou não** quando seu sujeito for diferente do sujeito da oração principal e estiver indicado por algum termo do contexto.	Ele nos deu licença para **entrar**. *Ou*: Ele nos deu licença para **entrarmos**.
d) **Infinitivo é flexionado obrigatoriamente** quando seu sujeito for diferente do sujeito da oração principal e não estiver indicado por nenhum termo no contexto.	Não sei como venceu sem **perceberem** a fraude.

Infinitivo pessoal em locução verbal	
a) **Infinitivo não é flexionado** quando for o verbo principal da locução verbal e sua ligação com o verbo auxiliar for nítida (em função da ordem dos termos da oração).	Acabamos de **realizar** as tarefas.
b) **Infinitivo é flexionado ou não** quando for o verbo principal da locução verbal e o verbo auxiliar estiver afastado ou não explícito.	Não devemos, depois de tantas discussões inúteis, **insistir** no erro. *Ou*: Não devemos, depois de tantas discussões inúteis, **insistirmos** no erro.

Atente à concordância com o verbo impessoal *chover*, nos versos a seguir:

"Primeiros erros"

Meu caminho é cada manhã
Não procure saber onde estou
Meu destino não é de ninguém
E eu não deixo
Os meus passos no chão
Se você não entende, não vê
Se não me vê, não entende...

Não procure saber onde estou
Se o meu jeito te surpreende
Se o meu corpo virasse sol
Se minha mente virasse sol
Mas só **chove** e **chove**
Chove e **chove** [...]

(ZAMBIANCHI, Kiko. "Primeiros erros". *Capital Inicial. Acústico MTV*. CD. 2003.)

E o uso do infinitivo em:

"Codinome Beija-flor"

Pra que **mentir**
Fingir que perdoou
Tentar ficar amigos sem rancor
A emoção acabou
Que coincidência é o amor
A nossa música nunca mais tocou

Pra que **usar** de tanta educação
Pra **destilar** terceiras intenções
Desperdiçando o meu mel
Devagarinho, flor em flor
Entre os meus inimigos, Beija-flor

Eu protegi teu nome por amor
Em um codinome, Beija-flor
Não responda nunca, meu amor (nunca)

Pra qualquer um na rua, Beija-flor

Que só eu que podia
Dentro da tua orelha fria
Dizer segredos de liquidificador

Você sonhava acordada
Um jeito de não sentir dor
Prendia o choro e aguava o bom do amor
Prendia o choro e aguava o bom do amor

(CAZUZA. "Codinome Beija-flor". *Happy Hour 4*. CD. Som Livre, s/d.)

Outros casos importantes

Sujeito composto antes do verbo	
a) O verbo vai para o plural.	São Paulo e Rio de Janeiro **são** cidades brasileiras bem conhecidas no exterior.
b) O verbo fica no singular se os núcleos do sujeito forem sinônimos. *Ou*: quando os núcleos formam uma gradação.	A prudência e a calma é o que deveríamos **ter**. A infância, a maturidade a velhice **fortaleceu** sua mente.
Ou: quando os núcleos estão resumidos nas expressões *tudo, nada, ninguém*.	Atores, figurinistas, cenógrafo, ninguém **comentou** a atitude do diretor. A religião, a política, a cultura, nada o **estimulava** tanto como a convivência social.

Note a concordância verbal com as expressões *nada* e *tudo* nos versos a seguir:

"Como uma onda"
Nada do que foi será
De novo do jeito que já foi um dia
Tudo passa, tudo sempre passará
A vida vem em ondas como o mar
Num indo e vindo infinito
Tudo que se vê não é igual ao que a gente viu há um segundo
Tudo muda o tempo todo, no mundo
Não adianta fugir nem mentir pra si mesmo agora
Há tanta vida lá fora, aqui dentro sempre
Como uma onda no mar
Como uma onda no mar
Como uma onda no mar
Como uma onda no mar [...]
(SANTOS, Lulu; MOTTA, Nelson. "Como uma onda". *O ritmo do momento*. CD. WEA, 1983.)

Sujeito composto depois do verbo	
• O verbo vai para o plural.	**Participaram** do evento o prefeito e os vereadores.
• O verbo concorda com o núcleo mais próximo.	**Participou da** cerimônia o prefeito e os vereadores.
Sujeito composto de pessoas diferentes	
• O verbo vai para o plural quando aparece a 1ª pessoa do singular.	Meu irmão e eu **viajaremos** no Natal. O professor e eu **fotografamos** vários tipos de pássaros.
• O verbo fica na 2ª ou 3ª pessoa do plural se o sujeito for formado de segunda e terceira pessoas do singular.	Tu e tua equipe **ficarão** em terra. Tu e tua equipe **ficareis** em terra.

Veja a concordância com o sujeito composto (Rubem e eu) neste trecho de "Aqueles dias de agosto", de Fernando Sabino:

"Aqueles dias de agosto"
"Prudentemente, **Rubem e eu desistimos** de ir a qualquer lugar e tomamos rumo da Zona Sul."
(Sabino, Fernando. *Gente*. Rio de Janeiro: Record, 1996, p. 75.)

Sujeitos: outros casos	
Sujeito oracional O verbo da oração principal fica na 3ª pessoa do singular se o sujeito for uma oração subordinada.	Ainda **falta**/rever os últimos capítulos da tese.
Núcleos do sujeito ligados por *com* O verbo vai para o plural.	O cantor com o pianista **terminaram** os ensaios cedo.
Admite-se o singular quando um dos núcleos do sujeito é destacado.	*Ou:* O cantor com o pianista **terminou** o serviço combinado.

Núcleos do sujeito ligados por *ou* O verbo fica no singular se houver a ideia de exclusão de um dos sujeitos.	Palmeiras ou Corinthians **será** o novo campeão.
O verbo vai para o plural se todos os sujeitos estiverem contemplados no fato expresso.	O teatro ou a dança **são** benéficos para a mente e o corpo.
Núcleos do sujeito são infinitivos O verbo fica no plural se os infinitivos forem determinados por artigos.	O brincar e o dançar **fazem** parte da vida de qualquer criança.
Se os infinitivos não aparecerem determinados por artigos, o verbo fica no singular, mas pode ir para o plural quando os infinitivos apresentarem ideias claramente contrárias	Brincar e dançar **é** uma atividade lúdica. Rir e chorar **são** reações emotivas.
Sujeito é um pronome de tratamento O verbo vai para a 3ª pessoa.	Vossa Excelência **conquistou** o público. Vossas Excelências **conquistaram** o público.
Sujeito é o pronome relativo *que* O verbo concorda em número e pessoa com o antecedente do pronome.	Fui eu **que telefonei** hoje cedo. (Eu telefonei cedo.) Fomos nós **que chegamos** mais cedo. (Nós chegamos mais cedo.)
Sujeito é o pronome relativo *quem* O verbo fica na 3ª pessoa do singular.	Fui eu **quem telefonou** hoje cedo. Fomos nós **quem chegou** mais cedo. Forma mais popular: *Não sou eu quem faço as tarefas domésticas.*

Exemplo com pronome relativo:
"Ainda que eu falasse as línguas dos homens e dos anjos e não tivesse amor, seria como o metal **que soa** ou como o sino **que tine**." (Coríntios 13: 1-3, 8a.)

Sujeito formado por expressões diversas	
nem um nem outro O verbo concorda com o sujeito preferencialmente no plural.	Nem um nem outro **saíam cabisbaixos**.

Um dos que, uma das que
O verbo vai, de preferência, para o plural.

Virgínia é uma das que mais **pesquisam** na universidade.

Mais de, menos de
O verbo concorda com o numeral a que se refere.

Mais de um aluno **entregou** o trabalho final.
Mais de dez alunos **entregaram** o trabalho final.

A maior parte de, grande número de
O verbo pode ir para o singular ou para o plural quando essas expressões são seguidas de substantivos ou pronome no plural.

Grande número de pais **compareceu** à formatura.
A maior parte de nós **compareceram** à formatura.

Haja vista
A expressão fica invariável ou vai para o plural.

Haja vista aos livros da escola. (atente-se)
Haja vista os livros da escola. (por exemplo)
Hajam vista os livros da escola. (vejam-se)

Qual de nós/quais de vós, quantos de nós, alguns de nós
O verbo concorda com os pronomes nós ou vós ou concorda na 3ª pessoa do plural.

Alguns de nós **faltaram** ontem ao trabalho.
Muitos de nós **faltamos** ontem ao trabalho.

Se o pronome indefinido ou interrogativo estiver no singular, o verbo ficará na 3ª pessoa do singular.

Nenhuma de nós **faltou** ontem ao trabalho.

Mais de, menos de, cerca de, perto de
O verbo concorda com o numeral que vier imediatamente à frente se o sujeito for iniciado por uma dessas expressões.

Mais de um torcedor **chegou** atrasado.
Menos de dez torcedores **chegaram** atrasados.
Cerca de duzentos manifestantes **foram** à avenida.

Mais de um
O verbo fica no plural quando houver indicação de reciprocidade ou com a expressão repetida.

Mais de uma pessoa feriram-**se** durante o treino.
Mais de um veículo **se** bateram.
Mais de um torcedor **se** agrediram durante a partida.

Um milhão, um bilhão, um trilhão
O verbo deverá ficar no singular.

Um milhão de pessoas **assistiu** à abertura dos jogos pela TV.

Se houver a conjunção *e*, o verbo ficará no plural.

Um milhão **e** cem mil pessoas **assistiram** à abertura dos jogos pela TV.

Para finalizar, observe a concordância do sujeito nos versos a seguir, extraídos de duas composições musicais:

"Foi Deus que fez você"	"Fui eu"
[...] **Foi Deus que fez** você, foi Deus que fez o amor Fez nascer a eternidade num momento de carinho Fez até o anonimato dos afetos escondidos E a saudade dos amores que já foram destruídos Foi Deus... Foi Deus que fez o vento que sopra os teus cabelos Foi Deus que fez o orvalho que molha o teu olhar, teu olhar Foi Deus que fez as noites e o violão plangente Foi Deus que fez a gente somente para amar, só para amar [...] (AMELINHA. "Foi Deus que fez você". *20 super sucessos*. CD. Polydisc/Sony Music, 1999.)	[...] Você olhou, fez que não me viu Virou de lado, acenou com a mão pegou um táxi, entrou, sumiu Deixou o resto de mim no chão Vai ver que a confusão **Fui eu que fiz**, fui eu [...] (VIANNA, Herbert. "Fui eu". *Os Paralamas do Sucesso. Acústico MTV*. CD. EMI, 2000.)

REGÊNCIA

As dúvidas são muitas quando nos referimos à **regência** de termos em uma frase. Esclareceremos as mais comuns e, a partir delas, apresentaremos exemplos.

Algumas questões

1. O que é reger?
   Reger é dirigir, comandar, liderar:
   - Reger uma orquestra.
   - Reger uma nação.
   - Reger um jogo de futebol.

2. O que são termos regentes e termos regidos?

Por analogia, é possível dizer que entre os termos de uma frase há alguns que têm a função de reger indicando aos seus complementos como serão inseridos na frase. Há, portanto, termos regentes e termos regidos. Observe:

Termo regente: verbo	Preposição: elemento indicado pelo regente	Termo regido: complemento
Assistiu	a	o filme.

Assim, o verbo "assistir", no sentido de *ver/comparecer*, pede a preposição "a" para introduzir seu complemento.

Termo regente: nome	Preposição: elemento indicado pelo regente	Termo regido: complemento
Dependente	de	você.

Desse modo, o adjetivo "dependente" pede a preposição "de" para anunciar seu complemento.

Como vimos, o termo regente pode ser um verbo, um substantivo ou um adjetivo. Quando o termo regente é verbo, sua relação com os termos complementares é denominada *regência verbal*. Quando o termo regente é substantivo ou adjetivo sua relação com os termos complementares é denominada *regência nominal*.

Regência verbal

Ao analisarmos a regência verbal em um enunciado, na prática estamos procurando identificar se o verbo é intransitivo (sem complemento), transitivo direto (com complemento/objeto direto) ou transitivo indireto (com complemento/objeto indireto). Há situações em que o verbo é transitivo direto e indireto (com os dois complementos). Exemplificando:

a) Comeu os doces.

Termo regente: verbo transitivo direto (VTD)	Preposição	Termo regido: objeto direto (OD)
Comeu	–	os doces.

b) Esperou por ele.

Termo regente: verbo transitivo indireto (VTI)	Preposição	Termo regido: objeto indireto (OI)
Esperou	por	ele.

c) Pediu comida à senhora.

Termo regente: verbo transitivo direto e indireto (VTDI)	Termo regido: objeto direto (OD)	Preposição	Termo regido: objeto indireto (OI)
Pediu	comida	a	a senhora.

Verbos com mais de uma regência

Alguns verbos podem ter regências diferentes em função do significado que têm na frase.

- Ele **visava o** cheque. (assinava)
- Ele **visava ao** novo emprego. (tinha como alvo)
- O doutor **assistiu o** doente. (deu assistência)
- A jovem **assistiu ao** filme. (presenciou, viu)

Algumas regências verbais utilizadas no Brasil

Termo regente	Termo regido	Exemplo
abandonar	alguém/algo	Abandonou os filhotes.
abreviar	algo	Abreviou o nome.
adorar	alguém/algo	Eu adoro você.
agradar/desagradar	alguém	O resultado agradou a todos.
agradecer	a alguém	Agradeci ao público.
amar	alguém/algo	Quero amá-lo. Amo você.

analisar	algo/alguém	Analisei a obra. Vou analisá-la.
assistir	(alguém) cuidar (a algo) ver, presenciar	O doutor assistiu o doente. Nós assistimos ao filme.
bater	(a algo) tocar (em algo/alguém) agredir	Bater à porta. Bater no cachorro.
beijar	alguém/algo	Quero beijá-lo.
cobrir	algo/alguém	Vou cobri-lo antes da chuva.
comparar	algo/alguém	Comparou os novos exames aos velhos.
compreender	algo/alguém	Quero compreendê-lo.
cumprimentar	alguém	Cumprimentei-o.
dar/doar	algo a alguém	Doei recursos à instituição.
encaminhar	algo a alguém	Encaminhei os processos ao diretor.
esquecer	algo/alguém (se) de algo/alguém	Esqueci o fato. Esqueci-me do fato.
gostar	de alguém/de algo	Gosto de feijoada.
informar	alguém de algo	Informou-o do incidente. Informou-se de tudo.
ir	a algum lugar	Fui ao cinema (e não *no cinema*)
lembrar	(-se) de algo alguém de algo	Lembrei-me do evento. Lembrei-o do evento.
namorar	alguém	Namorava um moço inteligente. (não *com um moço*)
necessitar	algo/de algo alguém/de alguém	Necessito dinheiro. Necessito descansar.
nomear	alguém/algo	Vou nomeá-lo diretor.
obedecer	alguém ou a alguém	Não quero obedecê-lo. Vou obedecer a ela.
ouvir	alguém/algo	Não quero ouvi-lo.
perguntar	algo a alguém	Perguntou o número da casa a ele.
precisar	algo/de algo de alguém	Preciso comer. Preciso de comida.
preferir	algo a outra coisa alguém a outra pessoa	Prefiro caminhar a correr.

responder	algo a alguém	Respondeu a questão à professora.
	a algo	Respondeu à questão corretamente.
sentar	(-se) em/a algo/ algum lugar	Sentar-se à mesa ou à janela.
	alguém em/a algo/ algum lugar	Sentar na cadeira.
submeter	algo/alguém a algo/ alguém	Submeteu seu trabalho à banca.

Note a regência dos verbos no seguinte texto de Aníbal Machado:

"O silêncio por dentro"
Recolher as palavras
Apagar os sinais
Destruir a cidade
Despovoar o silêncio
Sorrir debaixo das águas
Esperar dentro da pedra
(MACHADO, Aníbal. *Cadernos de João*. Rio de Janeiro: José Olympio, 1957, p. 7.)

Regência nominal

Ao analisarmos a regência nominal em um enunciado, na prática procuramos saber quais preposições devem introduzir os complementos regidos pelos termos regentes. Observe:

Termo regente: um nome (substantivo, adjetivo)	Termo regido: complemento nominal antecedido de preposição	
O conteúdo está **disponível**	a	todos.
O conteúdo didático está **acessível**	para	os alunos.
Obediência	a	as leis. (às)

É possível fazer um paralelismo entre a regência verbal e a regência nominal. Observe:

Regência verbal	Regência nominal
desconhecer a legislação	desconhecimento da legislação
obedecer aos superiores	obediente/obediência aos superiores
verter os textos para o inglês	versão dos textos do português para o inglês
traduzir os textos do inglês	tradução/tradutor dos textos do inglês para o português
encaminhar as encomendas a	encaminhamento das encomendas a

A seguir, algumas regências nominais utilizadas no Brasil.

Termo regente	Preposição	Exemplo
Abandonado	por a	Abandonado por todos. Abandonado à sorte.
Acessível	a	Acessível a todos.
Adaptado/adaptação	de/a	Adaptação de um texto às novas normas.
Adição	de/a	Adição de açúcar ao café.
Aversão	a	Aversão a sol.
Compatível	entre/a/com	Elementos compatíveis entre si. Elemento compatível ao (com o) sistema.
Dependência	de	Dependência de você.
Habituado	a	Habituado aos velhos costumes.
Inclinação/inclinado	a	Inclinado a fazer Medicina.
Insensível	a	Insensível aos pedidos de todos.
Junto	a/com	Estava junto à mesa. Jantou junto com o anfitrião.
Preferível	a	Salgado é preferível a doce.
Subsequente	a	Termo subsequente a outro.

Para concluir, atente às regências nominais – em destaque – em textos de Aníbal Machado, extraídos de *Cadernos de João.*

> **"Cadernos de João"**
>
> "Umas não sabem a que vieram. Outras procuram
> o **apoio de** uma frase familiar após o celibato do silêncio.
> Erguem-se outras em curtos voos de ensaio
> na **transparência do** espaço."
>
> "Não sou **responsável pelas** minhas insuficiências."
>
> "O **sentimento do** absoluto, **do** intemporal, **do** permanente,
> costuma levar paz aos atormentados."
>
> "São os idiotas **dotados de** certas intuições [...]."
>
> "O melhor momento da flecha não é o de sua **inserção no**
> alvo, mas o da **trajetória entre** o arco e a chegada –
> passeio fremente."
>
> (MACHADO, Anibal. *Cadernos de João*. Rio de Janeiro: José Olympio,
> 1957, pp. 8, 10, 13, 23, 54.)

COERÊNCIA E COESÃO TEXTUAIS

A pergunta mais frequente que ouvimos é: como escrever bem?

Podemos identificar duas qualidades principais em um texto bem escrito ou falado, associadas à correção linguística:

1. Coerência: clareza e lógica dos sentidos.
2. Coesão: conexões textuais e intertextuais bem elaboradas.

Coerência textual

As ideias, em um parágrafo ou em um texto mais desenvolvido, não são colocadas aleatoriamente. São escolhidas e depois inseridas em um contexto. Além disso, precisam combinar com as outras ideias já expressas.

Normalmente, temos uma ideia principal e ideias secundárias, ou complementares, agregadas à principal.

Por exemplo:

"Essa cidade está diferente." (ideia principal)

Podemos agregar à ideia principal algumas ideias complementares. Nem todas as sugestões a seguir são compatíveis com a ideia principal. Observe:

1. Essa cidade está mais desgastada.
2. As ruas dessa cidade estão esburacadas.
3. Antigamente havia menos prédios.
4. As pessoas são as mesmas de sempre.
5. O comércio continua igual.
6. O trânsito dessa cidade está insuportável.
7. O número de estabelecimentos bancários continua o mesmo.
8. Há mais meios de transporte atualmente.
9. Há mais restaurantes e bares do que antigamente.
10. O hospital e o posto de saúde continuam no mesmo lugar.

As ideias 4, 5, 7 e 10 não se ajustam ao conceito de "diferente" da ideia principal porque não representam o espírito de mudança da cidade em foco. Assim teríamos:

Ideias complementares	Ideias não complementares
1. Essa cidade está mais desgastada. 2. As ruas dessa cidade estão esburacadas. 3. Antigamente havia menos prédios. 6. O trânsito dessa cidade está insuportável. 8. Há mais meios de transporte atualmente. 9. Há mais restaurantes e bares do que antigamente.	4. As pessoas são as mesmas de sempre. 5. O comércio continua igual. 7. O número de estabelecimentos bancários continua o mesmo. 10. O hospital e o posto de saúde continuam no mesmo lugar.

Ao relacionarmos as ideias selecionadas na primeira coluna como complementares para compor nosso texto com a ideia principal, temos *coerência textual* interna, enquanto com as ideias da segunda coluna, isso não ocorre. Variações do texto a seguir são possíveis de serem construídas com coerência. Exemplificando:

• Voltei à minha cidade natal. Está muito desgastada, com as ruas esburacadas e o trânsito insuportável. Antigamente havia menos prédios e mais casas térreas e sobradinhos. No entanto, pude verificar que algumas mudanças são bastante interessantes e contribuem para a dinâmica da cidade: há mais meios de transporte que permitem que as pessoas se desloquem com mais facilidade para os muitos restaurantes e bares que surgiram na última década.

Outro exemplo: "A comunicação é uma necessidade do homem." (ideia principal)

Ideias complementares	Ideias não complementares
Conversamos diariamente. Morremos se não nos comunicarmos com os outros. É importante compartilhar conhecimento.	Qualquer um pode viver sem se comunicar. O homem é introspectivo por natureza. Melhor só do que mal acompanhado.

Poderíamos compor um parágrafo com todas as ideias expostas nas duas colunas, mas as não complementares deverão aparecer como oposição à ideia principal. Veja uma possibilidade de texto:

- O ser humano é um ser social, o que significa que deve compartilhar seus conhecimentos e experiências. O hábito de conversar diariamente é tido como saudável e vital, uma vez que poderíamos morrer se não nos comunicássemos uns com os outros. No entanto, há aqueles que dizem que o homem é introspectivo por natureza e que não tem necessidade de contato com seus semelhantes. Estudiosos de Neurolinguística já identificaram traços de transtornos mentais naqueles que deixam de manter contato com o mundo exterior, particularmente aqueles que, após uma vida profissional agitada, recolhem-se no torpor da aposentadoria. O lema "melhor só do que mal acompanhado" pode se transformar em problema futuro se nos afastarmos do convívio social.

Percebemos que a *coerência textual interna* depende da relação harmoniosa entre as ideias contidas no texto. Além disso, um texto coerente deve considerar o *contexto comunicativo* em que está inserido.

Voltemos aos dois textos produzidos anteriormente com coerência interna: quais seriam os fatores de coerência e incoerência em um processo comunicativo mais amplo?

Fatores de coerência e incoerência

Ideia principal	Fatores de incoerência	Fatores de coerência
Essa cidade está diferente.	• o leitor não conhece a cidade em questão • o leitor mora na cidade há pouco tempo • texto divulgado em veículo de comunicação inadequado (revista técnica, por exemplo)	• estabelecimento de criação de elo entre o texto e o leitor • oferta de informação prévia ao leitor • escolha adequada do veículo de comunicação (coletânea de crônicas)
A comunicação é uma necessidade do homem.	• o leitor prefere atividades físicas a atividades intelectuais • não há interesse do leitor em discutir a questão • texto divulgado em locais de meditação ou retiro espiritual	• estabelecimento de elo entre comunicação verbal e corporal • motivação do leitor ou inserção do texto em outro ambiente • escolha adequada do contexto de divulgação da mensagem

Síntese

Portanto, um texto coerente, além de bem escrito, deve contemplar articulações:

- **internas**: apresentar harmonia entre suas ideias constituintes;
- **externas**: estar articulado com o contexto exterior, com o receptor.

Para finalizar, observe como Chico Buarque de Hollanda expressa coerência em suas duas composições. O primeiro verso de cada texto resume os versos seguintes.

"Cotidiano"	"Essa moça tá diferente"
Todo dia ela faz tudo sempre igual	**Essa moça tá diferente**
Me sacode às seis horas da manhã	Já não me conhece mais
Me sorri um sorriso pontual	Está pra lá de pra frente
E me beija com a boca de hortelã	Está me passando pra trás
	Essa moça tá decidida
Todo dia ela diz que é pra eu me cuidar	A se supermodernizar
E essas coisas que diz toda mulher	Ela só samba escondida
Diz que está me esperando pro jantar	Que é pra ninguém reparar [...]
E me beija com a boca de café [...]	(HOLLANDA, Chico Buarque de. "Essa moça tá
(HOLLANDA, Chico Buarque de. "Cotidiano".	diferente". *Chico Buarque de Hollanda*. v. 4. LP.
Chico Buarque perfil. CD. Som Livre Globo	Universal Music, 1970.)
EMI, s/d.)	

Para compreendermos melhor a coerência das canções, seria necessário que tivéssemos informações adicionais sobre o contexto em que foram produzidas: opressão política, censura, vida rotineira sem possibilidades de inovação ou desvios previstos pela situação vigente. Se o leitor viveu na época em que foram compostas as canções ou se é pesquisador de Música Popular Brasileira ou de comportamento social, poderá fazer uma interpretação mais ampla dos textos.

No nosso caso, os dois textos foram selecionados e analisados com fins didáticos, ou seja, para ilustrar um capítulo sobre coerência textual.

Coesão textual

A coesão textual é um processo de organização do texto que depende de conexões textuais bem articuladas. Para que as relações entre termos e frases de um texto apresentem consistência, articulação interna eficaz e harmonia, é preciso considerar alguns procedimentos como:

- correção linguística;
- seleção vocabular cuidadosa;
- uso correto da pontuação;
- combinação sintática entre os termos;
- concordância verbal e concordância nominal;
- regência verbal e regência nominal.

Mecanismos de articulação textuais para a produção de um texto coeso

a) Recuperação de ideias anteriores.

• Entrei nesta escola em 2005. • Carlos e eu estudamos juntos em 2006. • Conheci Carlos em 2004.	Carlos e eu só viemos a estudar juntos em 2006, embora eu tenha sido amiga dele antes de ele ter entrado na escola.

b) Ampliação de ideias anteriores recuperadas.

• Entrei nesta escola em 2005. • Carlos e eu estudamos juntos em 2006. • Conheci Carlos em 2004.	O fato de Carlos e eu termos sido amigos antes de entrarmos nesta escola resultou em uma parceria bastante produtiva em nossas pesquisas acadêmicas.

c) Sequência informativa.

• Entrei nesta escola em 2005. • Carlos e eu estudamos juntos em 2006. • Conheci Carlos em 2004.	Conheci Carlos em 2004, entrei na mesma escola que ele em 2005, passamos a fazer parte da mesma turma a partir de 2006 e desenvolvemos trabalhos de pesquisa conjuntos até o final do curso.

É possível identificar nos exemplos anteriores a existência de alguns elementos de ligação que auxiliam no processo de produção de coesão textual entre termos e orações. São os *operadores de conexão*. Também chamados de *conectivos*, contribuem para o estabelecimento das relações entre as ideias.

Conectivos ou operadores de conexão

Os conectivos mais comuns são as *conjunções* e as *locuções conjuntivas*.

Nos enunciados seguintes temos ideias coordenadas entre si, expressas por orações diferentes. Além do uso das vírgulas, inserimos conectivos para anunciar que tipo de relação é estabelecido entre as ideias. Sem os conectivos adequados, nossa intenção de estabelecer determinados relacionamentos entre as orações fica prejudicada.

Orações com relação de coordenação	Relação
Ele entrou, olhou, balançou a cabeça/**e** saiu.	Adição
Ele entrou, olhou, balançou a cabeça,/**mas** permaneceu no recinto.	Oposição
Ora olhava,/**ora** balançava a cabeça.	Alternância
Não gostou do que viu,/**portanto**, retirou-se.	Conclusão
Saiu/**porque** não gostou do que viu.	Explicação

Os seguintes enunciados apresentam ideias subordinadas entre si. Observe que são outras as funções que os conectivos introduzem. A oração subordinada é a que é introduzida pelo conectivo. A outra é a principal.

Orações com relação de subordinação	Relação
Ele não compareceu/**porque** não foi convidado.	Causa
Ficou tão emocionado/**que** quase chorou.	Consequência/ efeito
Os refugiados estavam tão surpresos/**como** os invasores (estavam).	Comparação
Embora não tivesse sido convidado,/compareceu ao evento.	Concessão
Se precisar de esclarecimentos,/me envie um e-mail.	Condição
Tudo transcorreu normalmente/**como** havíamos combinado.	Conformidade
Segue o relatório/**para que** dê seu parecer.	Fim/objetivo
Vá secando a louça/**enquanto** lavo os talheres.	Proporção
Eu já havia comido/**quando** ele chegou.	Tempo
Espero/**que** você volte.	Integração/ complementação

As conjunções e locuções conjuntivas são, portanto, conectivos que exprimem circunstância, estabelecendo relações entre os termos que ligam. São invariáveis, ou seja, não sofrem flexão de nenhum tipo: não têm plural/singular; masculino/feminino, por exemplo.

Conjunções e locuções coordenativas conjuntivas	
Aditivas	e; nem (e não); porém; mas também; bem como; senão também
Adversativas	mas; porém; todavia; contudo; entretanto; não obstante; no entanto
Alternativas	ou, ou; ora, ora; já, já; quer, quer
Conclusivas	logo; portanto; por conseguinte; por isso; pois (posposto ao verbo); de modo que; de sorte que
Explicativas	que; porque; porquanto; pois (anteposto ao verbo)

Conjunções e locuções subordinativas	
Causais	porque; que; pois; visto que; visto como; já que; uma vez que; desde que; por; por causa de; em vista de; em virtude de; devido a; em consequência de; por motivo de; por razões de
Comparativas	como; (tal) qual; tal e qual; (tal) como; (mais) que; (tanto) quanto
Concessivas	embora; conquanto que; ainda que; mesmo que; posto que; por mais que; se bem que; sem que (= embora não); nem que; por menos que; apesar de; a despeito de
Condicionais	se; caso; contanto que; desde que; salvo se; a não ser que; a menos que
Conformativas	como; conforme; consoante; segundo
Consecutivas	que (precedido de termos intensificativos – tal, tão, tanto –, às vezes subentendidos); de sorte que; de modo que; de forma que; de maneira que
Finais	para que; a fim de que; que (= para que); com o propósito de; com intenção de; com o fito de; com o intuito de; com o objetivo de
Integrantes	que; se
Proporcionais	à proporção que; à medida que; ao passo que; quanto mais (*errado*: à medida em que, na medida que)
Temporais	quando; enquanto; logo que; mal (= logo que); assim que; sempre que; desde que; antes que; até que; agora que

O gerúndio como operador de conexão

O **gerúndio** pode também funcionar como operador de conexão ao estabelecer diversas articulações sintáticas como:

Gerúndio como operador de conexão	
Condicional	**Conseguindo** o dinheiro (se conseguir),/irei almoçar.
Causal	**Pedindo** dinheiro (porque pedi),/almocei.
Final	**Querendo** almoçar (para almoçar),/pedi dinheiro.

Casos especiais

PORQUE	
Causal não há vírgula	• Todo homem come **porque** tem fome. (Primeiro tem fome, depois o homem come.) • Ela chorou **porque** apanhou da mãe. (Primeiro ela apanhou, depois chorou.)
Explicativa antecedida de vírgula	• Todo homem morre, **porque** ninguém é imortal. • Ela chorou, **porque** seus olhos estão vermelhos. (Não há relação entre o que ocorre antes e o que ocorre depois. É só explicação.)

SEM QUE	
Concessiva	Fez tudo direito **sem que** eu lhe ensinasse. (= embora não) Ninguém é bom **sem que** estude muito. (= caso não)
Condicional pode ser substituída por *a menos que; se, a não ser que.*	**Sem que** proteja a natureza, o homem não pode ser civilizado. Não vão a uma festa **sem que** voltem cansados. (= que não)
Modal	Sairás **sem que** te vejam. (= de modo que não) Entrou na sala **sem que** nos cumprimentasse. Saiu **sem** despedir-se do pai. (**sem que** se despedisse do pai.)

POIS	
Conclusiva = portanto Depois do verbo	Ela chora, não pode, **pois**, viajar.
Explicativa = o motivo Antes do verbo	Não chore, **pois** manchará o rosto.
Causal = visto que	Eu canto **pois** estou feliz.

Síntese

Portanto, a coesão textual pode ser alcançada por meio de recursos variados como recuperação de ideias anteriores, uso da pontuação e uso de conectivos.

Para finalizar, analise os operadores de conexão presentes nos versos seguintes. Perceba que, além das conjunções e locuções, os autores fazem uso do processo de recuperação e ampliação de ideias anteriormente expressas. Todas as ideias estão organizadas e entrelaçadas em uma sequência temporal magnífica.

"Valsinha"
Um dia, ele chegou tão diferente do seu jeito de sempre chegar   Olhou-a de um jeito muito mais quente do que sempre costumava olhar   E não maldisse a vida tanto quanto era seu jeito de sempre falar   E nem deixou-a só num canto, pra seu grande espanto, convidou-a pra rodar   E então ela se fez bonita como há muito tempo não queria ousar   Com seu vestido decotado cheirando a guardado de tanto esperar   Depois os dois deram-se os braços como há muito tempo não se usava dar   E cheios de ternura e graça, foram para a praça e começaram a se abraçar   E ali dançaram tanta dança que a vizinhança toda despertou   E foi tanta felicidade que toda cidade se iluminou   E foram tantos beijos loucos, tantos gritos roucos como não se ouvia mais   Que o mundo compreendeu   E o dia amanheceu   Em paz   (HOLLANDA, Chico Buarque de; MORAES, Vinícius. "Valsinha". *Construção*. LP. Philips, 1971.)

REFERÊNCIAS

BIBLIOGRÁFICAS (TEÓRICAS)

ACADEMIA BRASILEIRA DE LETRAS. *Dicionário escolar da língua portuguesa*. São Paulo: Companhia Editora Nacional, 2008.

_____. *Vocabulário ortográfico da língua portuguesa*. 5. ed. São Paulo: Global, 2009.

ALMEIDA, Napoleão Mendes de. *Gramática metódica da língua portuguesa*. 45. ed. São Paulo: Saraiva, 2005.

AZEREDO, José Carlos de. *Gramática Houaiss da língua portuguesa*. São Paulo: Publifolha, 2009.

BECHARA, Evanildo. *Moderna gramática portuguesa*. 37. ed. São Paulo: Nova Fronteira, 2009.

CASTILHO, Ataliba T. de. *Nova gramática do português brasileiro*. São Paulo: Contexto, 2010.

CEGALLA, Domingos Paschoal. *Novíssima gramática da língua portuguesa*. 48. ed. São Paulo: IBEP-Nacional, 2008.

CUNHA, Antônio Geraldo da et al. *Dicionário etimológico Nova Fronteira da língua portuguesa*. Rio de Janeiro: Nova Fronteira, 1998.

CUNHA, Celso; CINTRA, Lindley. *Nova gramática do português contemporâneo*. 5. ed. São Paulo: Lexikon, 2008.

FÁVERO, Leonor L. *Coesão e coerência textuais*. São Paulo: Ática, 2001.

FIORIN, José Luiz (org.). *Introdução à linguística I*: objetos teóricos. 6. ed. São Paulo: Contexto, 2010.

_____. *Introdução à linguística II*: princípios de análise. 4. ed. São Paulo: Contexto, 2008.

GARCIA, Othon M. *Comunicação em prosa moderna*. Rio de Janeiro: FGV, 2008.

HOUAISS, Antônio et al. *Míni dicionário Houaiss da língua portuguesa*. Elaboração: Instituto Antônio HOUAISS DE LEXICOGRAFIA E BANCO DE DADOS DA LÍNGUA PORTUGUESA S/C Ltda. 3. ed. rev. e aum. Rio de Janeiro: Objetiva, 2008.

ILARI, Rodolfo. *Introdução à semântica*: brincando com a gramática. 7. ed. São Paulo: Contexto, 2010.

LUFT, Celso Pedro. *Dicionário prático de regência nominal*. São Paulo: Ática, 1992.

_____. *Dicionário prático de regência verbal*. São Paulo: Ática, 1993.

KOCH, Ingedore Villaça; ELIAS, Vanda Maria. *Ler e compreender*: os sentidos do texto. 3. ed. São Paulo: Contexto, 2010.

_____. *Ler e escrever*: estratégias de produção textual. São Paulo: Contexto, 2009.

MARTINS, Nilce Sant'Anna. *Introdução à estilística*. 3. ed. São Paulo: T. A. Queiroz, 2000.

MOLLICA, Maria Cecilia; BRAGA, Maria Luiza (orgs.). *Introdução à sociolinguística*: o tratamento da variação. 3. ed. São Paulo: Contexto, 2010.

PERINI, Mario A. *Para uma nova gramática do português*. 8. ed. São Paulo: Ática, 1995. [Col. Básica Universitária.]

_____. *Gramática descritiva do português*. 4. ed. São Paulo: Ática, 2007.

Rocha Lima, Carlos Henrique da. *Gramática normativa da língua portuguesa*. 43. ed. São Paulo: José Olympio/Record, 2002.

Ruwet, Nicolas. *Introdução à gramática gerativa*. 2. ed. São Paulo: Perspectiva, 2001. [Col. Estudos, 31.]

Torrinha, Francisco. *Dicionário latino português*. Porto: Porto Editora, 1942.

Weg, Rosana Morais; Jesus, Virgínia Maria Antunes de. *Acordo ortográfico da língua portuguesa no Brasil*: alterações na ortografia de expressão brasileira. São Paulo: Esfera, 2008.

BIBLIOGRÁFICAS (DAS FONTES)

Alencar, José de. *Iracema*. São Paulo: Ática, 2005. [Série Bom Livro.]

Alves, Castro. Navio negreiro. *Castro Alves*. Org. Marisa Lajolo e Samira Campedelli. São Paulo: Abril Educação, 1980. [Col. Literatura Comentada.]

Amelinha. Foi Deus que fez você. *20 super sucessos*. CD. Polydisc/Sony Music, 1999.

Andrade, Carlos Drummond de. Caso de secretária. *Cadeira de balanço*. São Paulo: Record, 1993.

_____. Aurora. *Reunião*. Rio de Janeiro: José Olympio, 1977.

Anjos, Augusto dos. Agonia de um filósofo. *Eu e outras poesias*. São Paulo: Martin Claret, 2001.

Bandeira, Manuel. Neologismo. *Manuel Bandeira*. Org. Salete de Almeida Cara. São Paulo: Abril Educação, 1981. [Col. Literatura Comentada.]

Camões, Luis Vaz de. *Luís Vaz de Camões*. Org. Nádia Battella Gotlib. São Paulo: Abril Educação, 1980. [Col. Literatura Comentada.]

Campos, Paulo Mendes. Ser brotinho. *O cego de Ipanema*. Rio de Janeiro: Editora do Autor, 1960.

Castro, Rui. Estar com a macaca. *Folha da Manhã*. São Paulo, 14 set. 2009.

Cazuza. Saudade. Em: Echeverria, Regina; Araujo, Lucinha. *Cazuza, preciso dizer que te amo*. Rio de Janeiro: Globo, 2001.

Documentos Oficiais. *Termos de certidão de óbito Sant Ana do Piraí*. Usina de Letras. Disponível em: < http://www.usinadeletras.com.br.. Acesso em 20 dez. 2011.

Machado, Aníbal M. *Cadernos de João*. Rio de Janeiro: José Olympio, 1957.

Meireles, Cecília. *Ou isto ou aquilo*. Rio de Janeiro: Civilização Brasileira, 1977.

_____. *Viagem e vaga música*. Rio de Janeiro: Nova Fronteira, 2006.

Rio, João do. Dentro da noite. *Os cem melhores contos brasileiros do século*. Org., intr. e ref. biblio. Ítalo Moriconi. Rio de Janeiro: Objetiva, 2000.

Rosa, João Guimarães. *Fita verde no cabelo*: nova velha história. Rio de Janeiro: Nova Fronteira. s/d.

Sabino, Fernando. *Aqueles dias de agosto*. Gente. Rio de Janeiro: Record, 1996.

Silveira, Francisco Maciel. *Palimpsestos*: uma história intertextual da literatura portuguesa. São Paulo: Paulistana, 2008.

DISCOGRÁFICAS

Baleiro, Zeca. Samba do approach. *Vô imbolá*. CD. MZA Music, s/d.

Barbosa, Adoniran; Alocin. Samba do Arnesto. *Adoniran Barbosa. Meus momentos*. CD. EMI, s/d.

Carlos, Erasmo; Carlos, Roberto. É proibido fumar. *Roberto Carlos. Acústico MTV*. Produção: Guto Graça Mello. CD. Amigo Records/Sony Music. Rio de Janeiro: Polo de Cine e Vídeo, 2001.

_____. Festa de arromba. *20 músicas do século XX. Jovem Guarda.* CD. Millennium, s/d.

_____. É preciso saber viver. *Titãs. Volume Dois.* CD. WEA, 1998.

CAZUZA. Codinome Beija-flor. *Happy Hour 4.* CD. Som Livre. s/d.

DONGA e ALMEIDA, Mauro de. Pelo telefone. *20 músicas do século XX* – Quarteto em Cy & MPB-4. CD. Millennium, s/d.

EARNHART (versão Renato Côrte Real). Interpretação: Celly Campelo. *Broto legal (I'm in love).* Em: *Celly Campello.* CD. Série Bis: Jovem Guarda, 2000.

FORRÓ MAIOR. Paixão Proibida. Disponível em: <http://www.vagalume.com.br/forro-maior/paixao-proibida.html>.

GABRIEL, o Pensador. Abalando. *Gabriel, o Pensador.* CD. Sony Music, s/d.

GIL, Gilberto. Pela internet. *Quanta.* CD. Warner Music, 1997.

_____. Vamos fugir. *Raça humana.* CD. Warner Music, 1984.

HOLLANDA, Chico Buarque de. Amigo é pra essas coisas. *20 músicas do século XX. Quarteto em Cy & MPB-4.* CD. Millennium, s/d.

_____. Bom conselho. *Quando o carnaval chegar.* LP. Marola Edições Musicais, 1972.

_____. Cotidiano. *Chico Buarque – Perfil.* CD. Som Livre Globo EMI, s/d.

_____. Roda-viva. *Chico Buarque de Hollanda.* v. 3. CD. Som Livre, 2006.

_____. Tira as mãos de mim. *Chico canta.* LP. Universal Music, 1973.

_____; MORAES, Vinícius. Valsinha. *Construção.* LP. Philips, 1971.

_____; HIME, Francis. Meu caro amigo. *Meus caros amigos.* CD. Philips, s/d.

_____. Essa moça tá diferente. *Chico Buarque de Hollanda.* v. 4. LP. Universal Music, 1970.

_____; ENRIQUEZ, Luiz; BARDOTTI, Sergio. Bicharada. *Saltimbancos.* LP. Polygram, 1977.

JOBIM, Tom. Águas de março. *Ser mulher sempre.* CD. Philips/Poligram, s/d.

LOBÃO. Panamericana. *Sob o sol de parador.* CD. BMG Ariola, 1989.

MORAES, Vinícius; TOQUINHO. O pato. *Como dizia o poeta – Vinícius de Moraes.* CD. Som Livre, 2001.

PITTY. Admirável chip novo. *Admirável chip novo.* CD. Deckdisc, 2003.

_____; SOUZA, Peu. Equalize. *Admirável chip novo.* CD. Deckdisc, 2003.

RODRIGO; VITOR; DANILO; NYCOLAS. História de verão. *Teoria dinâmica gastativa.* CD. Universal, 2005.

RODRIGUES, Lupicínio. Esses moços. *Doces bárbaros. Grandes sucessos de Caetano Veloso, Gal Costa, Gilberto Gil, Maria Bethânia.* CD. Universal Music/Pão Music, s/d.

SANTOS, Lulu; MOTTA, Nelson. Como uma onda. *O ritmo do momento.* CD. WEA 1983.

SEU JORGE; MOURA, Gabriel. Mina do condomínio. *América Brasil.* CD. EMI, 2007.

TITÃS. Comida. *Titãs & Paralamas juntos ao vivo.* CD. SempreLivre Mix. s/d.

ULTRAJE A RIGOR. Inútil. *Nós vamos invadir sua praia.* CD. Warner Music. 1985.

_____. Nós vamos invadir sua praia. *Nós vamos invadir sua praia.* CD. Warner Music. 1985.

URBANÓIDES. Brave new world. Disponível em: <http://www.vagalume.com.br/urbanoides/brave-new-world.html>.

VIANNA, Herbert. Fui eu. Interpretação: Os Paralamas do Sucesso. *Acústico MTV – Os Paralamas do Sucesso.* CD. EMI, 2000.

Villa-Lobos, Dado, Russo, Renato; Bonfá, Marcelo. *Há tempos. Acústico MTV.* CD. EMI Music, 1999.

_____. O amor não sabe esperar. Interpretação: Os Paralamas do Sucesso. *Hey Na Na.* CD. EMI, 1998

Zambianchi, Kiko. Interpretação: Capital Inicial. Primeiros erros. *Capital Inicial. Acústico MTV.* CD. 2003.

FILMOGRÁFICA

O Carteiro e o Poeta (Il Postino). Direção: Michael Radford. Produção: Mario Cecchi Gori, Vittorio Cecchi Gori, Gaetano Daniele. Itália/Bélgica/França. Walt Disney, Dolby Digital 2.0. Widescreen, colorido. 1994. 1DVD região 4. Itália. 116 minutos.

DOCUMENTOS ELETRÔNICOS

Ideal Stereo. *Dez dias.* Disponível em: <http://idealstereo.letrasdemusicas.com.br>. Acesso em 23 set. 2009.

Rita, Nuno. *O ponteiro dos segundos para sempre nas duas horas.* Site oficial do autor. Disponível em: <http://poesianunorita.blogs.sapo.pt/19697.html>. Acesso em 25 out. 2009.

Sulino, Gaúcho. *Menina moça.* Disponível em: <http://www.hipermusicas.com/gaucho_sulino/menina_mo>. Acesso em 21 ago. 2009.

AS AUTORAS

Rosana Morais Weg tem bacharelado, licenciatura, mestrado e doutorado em Letras/Literatura Brasileira pela Faculdade de Filosofia, Letras e Ciências Humanas, da Universidade de São Paulo (FFLCH/USP), além de cursos de extensão universitária na mesma instituição. Tem experiência docente (níveis fundamental, médio, profissionalizante e superior) no Brasil e no exterior (Moçambique) nas áreas de Metodologia de Pesquisa, Letras e Comunicações. Atualmente é professora das Faculdades Integradas Rio Branco. É autora do livro *Fichamento*.

Virgínia Antunes de Jesus é mestre e doutora em Literatura Portuguesa pela Faculdade de Filosofia, Letras e Ciências Humanas da Universidade de São Paulo (FFLCH/USP), pedagoga com vasta experiência em direção e coordenação pedagógica e especialista em Teoria Literária: Comunicação e Semiótica pela Pontifícia Universidade Católica de São Paulo. É professora de Metodologia da Pesquisa Científica, Língua e Literatura Portuguesas nas Faculdades Integradas Rio Branco, no Centro Universitário Anhanguera de São Paulo (Unibero) e na (FFLCH/USP), onde se licenciou em Português, Francês e Italiano e se dedica a projetos de educação a distância e novas técnicas de dinamização do ensino de Língua e Literatura Portuguesas.

As duas professoras são autoras dos livros *Acordo Ortográfico da Língua Portuguesa* e *O texto acadêmico*, ministram palestras, organizam cursos, oficinas, publicam artigos e mantêm colunas em revistas especializadas e portais eletrônicos. São diretoras da DSignos: Soluções e Desenvolvimento em Linguagens, empresa que faz pesquisa em ensino de línguas e oferece formação em Língua Portuguesa (falada e escrita) a profissionais de empresas e instituições de ensino.

GRÁFICA PAYM
Tel. (011) 4392-3344
aym@terra.com.br